나만 이렇게
우울할 리 없잖아

다나 / 신희 / 태랑

"우리는 우리만 이렇게 힘들 리 없다고 생각했다."

차례

1부 태랑 이야기, 우리가 가진 마음 6

01 헬씨 이야기, 다른 세계로 갈 수 있다 12

02 인애 이야기, 조울증인 줄 알았는데 ADHD였습니다 36

2부 다나 이야기, 다들 이 정도는 느끼고 살지 않나? 60

03 임소라 이야기, 나를 죽이고 살리는, 일 66

04 시리 이야기, 애쓰지 않을 자유만 있다면 80

3부 신희 이야기, 검은 우물 110

05 승민과 하늘 이야기, 우울이 신체를 집어삼킬 때 116

06 은 이야기, 매일 힘을 쌓아서 끝까지 갈 거야 140

에필로그 170

"캄캄해 보이는 순간에도 저 끝엔 방법이 있다."

1부
태랑 이야기

우리가 가진 마음

 신희, 다나는 같은 회사에서 일하고 있는 동료다. 훌쩍 떠나는 걸 좋아하는 신희는 해뜨는 걸 보러 가지 않겠냐고 다나와 나에게 제안했다. 우리는 새벽에 동해로 출발했다. 짧은 당일치기 여행에서 우린 업무 얘기보다는 평소에 하지 않던 얘기를 할 수 있었다. 알고 보니 우리는 모두 우울증 환자였다. 공황장애로 어려움을 겪고 있다는 것도 동일했다. 그동안 딱히 숨기려고 한 것도 아니었지만 말할 기회가 생기니 새로 사람을 사귀는 기분이 들었다. 그 여행 이후로 우리는 서로를 더 살필 수 있었다. 회의 때 컨디션이 안 좋아 보이면 다정하게 컨디션을 물었다. 답하는 사람도 그저 괜찮아요, 보다는 왜 지금 상태가 좋지 않은지, 얼마나 좋지 않은지 밝힐 수 있게 되었다.

우리만 이렇게 힘들 리 없다.
우리는 우리만 이렇게 힘들 리 없다고 생각했다. SNS에 우울증을 겪고 있는 청년을 인터뷰한다고 올렸다. 일곱 명의 사람을 만날 수 있었다. 두 시간 동안 카페에서, 가정집에서, 스터디카페에서 만나 대화했다. 처음엔 다 비슷하게 고통받고 있다고 생각했지만 인터뷰를 할 때마다 저마다 다른 이유로 힘들어하고 있다는 걸 알게 됐다. 우린 같으면서도 매우 달랐다. 그렇지만 나아지고자 하는 마음이 없는 사람이 없었다. 신희, 다나 그리고 나는 직접적으로 인터뷰이를 위로하려고 하지 않았다. 위로하고자 하는 마음은 있었으나 능력이 없었다고 하는 게 더 맞는 표현일 것이다. 그래도 인터뷰에 참여한 사람이 대화하기 전과 하고나서의 마음이 한 톨만큼 가벼워지기를 바라며 대화에 임했다.

대화의 힘
두 시간 대화하고 나면 기진맥진해서 다음 일정을 아무것도 소화할 수 없었다. 감정의 여운이 진해 잠을 전혀 자지 못한 날도 있었다. 녹음한 대화를 원고로 옮기고 찍은 영상을 편집하는 과정은 고통스러웠다. 이상한 얘기지만 그런데도 계속 대화를 하고 싶었다. 다음 사람을 만나고 그 사람의 사정을 듣고 그 사람에게 우리 이야기를 들려주고 싶었다. 우리는 인터뷰이에게 다음 인터뷰이한테 전하고 싶은 말이 있으면 해달라고 요청했다. 그중에 빼먹지 않고 전한 얘기는 은 씨가 말한 '우리는 강하다'는 것이다. 은 씨 말대로 우리는 강하다. (사실 은 씨는 "우린 엄청 쎄에-" 라고 말했다) 약해서 바닥으로 주저앉은 게 아니라 강하기 때문에 힘든 과정을 겪고 다시 치고 올라갈 수 있는 것이다.

모두에게

이제 신희, 다나 그리고 나, 이렇게 셋에 일곱 명의 인터뷰이까지 총 열 명. 열 명을 만났다. 우리 열 명만 이렇게 힘들 리 없다. 그래도 상관없다. 우리는 강하기 때문에 조금씩 나아지는 것을 멈추지 않을 것이다. 당신이 우울증 당사자라면 당신도 강한 사람이다. 주변에 우울증으로 힘들어하는 사람이 있어서 이 책을 접하게 된 당신에게도, 내가 우울증인지 아닌지 끊임없이 의심하고 있는 당신에게도 같은 말을 전한다. 캄캄해 보이는 순간에도 저 끝엔 방법이 있다. 전문가가 필요하면 주저하지 말고 찾자. 포기하지 말자. 우리는 겁나 쎄니까.

헬씨는
중학교 1학년 때부터 고등학교 3학년 때까지
학창 시절 내내 중증 우울증 환자였다.

01 헬씨 이야기, 다른 세계로 갈 수 있다.

무드 트래커(Mood Tracker). 구글에 검색해 보면 사람들이 감정을 기록하는 다양한 형태가 있다. 태랑은 힘든 순간도 매일 기록하다 보면 '내가 이 노트를 채울 만큼은 살아있다'는 기분이 든다. 감정을 기록하는 행위가 삶을 이어가는 에너지가 된다는 믿음에서 우리를 '무드 트래커' 팀이라 부르기로 했다. 인스타그램 계정을 개설하고, '감정일기'를 남기기 시작했다. 감정 기록을 간편하고 직관적으로 할 수 있는 표정 스티커와 노트를 선물로 준비하고 첫 번째 인터뷰이, 헬씨를 만나러 갔다.

헬씨는 중학교 1학년 때부터 고등학교 3학년 때까지 학창 시절 내내 중증 우울증 환자였다. 스무 살 때부터 상담과 함께, 정신과 약물 치료를 정식으로 받기 시작했다고 한다. 지금도 꾸준히 약물 치료와 상담 치료를 받고 있다는 헬씨는 감정을 기록하는 활동을 해본 적 있느냐는 질문에 뜻밖에 "도움이 되지는 않았다"고 말문을 열었다.

 헬씨_ 감정 기록 다이어리나 앱 같은 게 되게 많잖아요. 그게 좀 도움이 될 것 같아서 해보려고 했는데 그게 안 됐던 이유가 기록에 어두운 기운이 너무 많이 쌓여 있더라고요. 앱을 켜거나 공책을 열 때 읽지 않아도 어두운 기운이 확 느껴질 때가 있어요. 저는 중학교, 고등학교 1학년, 2학년 때 자기 상태를 기술해서 편지를 보내는 상담을 받았어요. 근데 그때 썼던 편지를 10년쯤 후에 대학생이 돼서 다시 받아서 펼쳤는데 너무 무서운 기운이 쏟아져 나오는 거예요. 그때의 기운, 그때의 감정이 확 느껴지는 것 같은 거예요. 펼치자마자 확 닫았거든요. 그때 이후로 '우울함을 기록하면 이게 남는구나.'라는 생각이 들었고, 항상 밝은 게 아니니까 밝은 걸 기술하려고 해도 우울할 때는 그걸 남기기가 되게 찝찝하더라고요. 그리고 우울함에 대해 쓰게 되면 내가 우울하다는 걸 인정하는 게 되잖아요. 표면화가 되는 거잖아요. 그거 자체가 저한테 부담이기도 했고 이번에 상담을 시작할 때도 상담 내용을 제가 일기장에 따로 적어도 되겠냐고 적극적으로 질문을 했는데 상담사도 권하지 않는 눈치였어요. 저 자신도 기록을 하기에는 힘이 없기도 하고 남겼을 때 좋았던 경험이 너무 없어서 적지 않고 있어요. 대신 저는 일주일을 잘 살았다 못살았다 좀 위험하다를 파악하는 방법은 있어요. 밤을 많이 새면 대체로 정신 상태가 좀 멀쩡하지 않은 거고요. 약을 거부하거나 평소 사용하는 일력을 넘기지 않는다거나 매일 작성하던 체크리스트 작성을 제대로 안 한다거나 이럴 때 내가 바쁘거나 우울하거나 루틴이 무너졌다는 감각으로 알게 됩니다. 지난 일주일은 약간 불안불안했던 것 같아요. 신상에 변화가 많이 생겨서 정신이 없기도 하고 혼란스럽고 우울하고 좀 공허하다는 생각을 많이 했습니다.

다나_ 저는 기록을 하면 다시 읽거든요. 제가 쓴 글이 재밌어서, '진짜 이날은 왜 이렇게 힘들었지?' 이러면서 읽어요. '되게 힘들었나 보네.' 그러니까 내가 아니라 다른 사람을 보는 듯한 느낌으로 읽거든요. 제 얘기를. 그러면 '되게 힘들었네.' 하면서도 어느 날에는 뭘 했는데 되게 즐거웠대요. 이렇게 발견하는 것들이 좀 있었던 것 같아요. 일기장을 다시 본다는 게 그냥 우울한 기록이 대부분이지만 그 사이사이에 있는 잠깐의 즐거움을 발견하는 거죠.

태랑_ 저 같은 경우는 이제 우울하다는 상황이 디폴트거든요. 저는 우울한 게 그냥 나인 것 같은 거예요. 내가 밝으면 밝은 모습을 연기하는 건가 이런 생각이 들 정도로 불안해지거든요. 혹은 이 감정이 계속됐으면 좋겠다에서 시작되는 생각 같은데 (밝은 상태가) 계속되지 않을까 봐 걱정되는 거 있잖아요. 저는 자살 징후가 되게 심했다가 약을 먹으면서 드라마틱하게 좋아졌거든요. 자살징후가 사라지니까 화가 나는 거예요. '다들 이런 기분으로 사는구나.'라는 생각이 들어서요.

헬씨_ 최근에 우울증이 심한 친구가 집에 놀러 와서 하룻밤 자면서 얘기를 나눴는데 생각보다 진심으로 죽고 싶다고 생각하는 사람이 별로 없다고 해서 충격을 받았어요. 그게 너무 기분이 나쁜 거예요. 왜 나는 그게 디폴트일까. 나는 뭔가 아무리 기분 좋은 상태라도 죽고 싶다는 게 조금은 있는 거고 죽기 싫다는 마음이 없어지는 순간 난 죽을 건데 그게 다른 사람한테는 왜 디폴트가 아닌 거지. 저는 아직도 하루에 열 알씩 (우울증) 약을 먹어야 한다는 게 굉장한 스트레스예요. 근데 우울함이 정체성이 된다는 거는 좀 묘한 면이 있는 것 같아요. '다른 사람들은 이 감각으로 살았는데 내가 이렇게 불리함을 짊어지고 있었다고?'가 첫 번째였고 두 번째는 '내가 우울을 벗어나도 되는 걸까?' 그러니까 우울이 너무 오래되면 나랑 우울이 구분이 안 되는 경우가 너무 많잖아요. '나 = 우울'이니까요. 우울이라는 게 병과 질병, 장애 그 이상의 엄청난 뭔가가 있는 것 같다는 느낌이 들어요. 저는 항상 그렇게 생각해요. 스무살 초반에 되게 자존감이 높은 친구가 있었는데 그 친구가 우울한 저를 위로해 주다가 "너는 근데 좋아하는 거나 기분 전환할 게 없느냐." 묻더라고요. 자기는 좋아하는 애니메이션을 보거나 좋아하는 노래를 들으면 우울감이 없어진대요. 저한테 있을 수 없는 일이잖아요. 제 우울감이 그렇게 해서 없어지면 병이라고 이름을 붙이지 못했겠죠. 그 대화에서 충격을 받았어요. 그렇게 금방 전환이 될 수 있는 거구나 생각했어요. 저는 정말 그때 침전돼 있는 상태여서. 우울한 사람과 안 우울한 사람은 엄청난 갭이 있는 것 같아요. 우울증 초기 증세가 있던 친구가 있었는데 우울한 상태에 대해 말하는 걸 들어보니까 제가 15년 전, 10년 전에 겪었던 일들을 하나씩 겪고 있는 거예요. "너는 이걸 어떻게 견딘 거야?" 이러면서 친구가 막 우는 거예요. 그 순간에는 복합적인 감정이 들었는데 '친구가 이런 감정을 느끼는 바에야 차라리 익숙한 내가 감당하는 게 낫지.'라는 생각이 들면서도 위로가 되더라고요. 저는 제 주변에 우울한 사람이 없었으니까. 우울한 사람이 있어도 우울에 대한 얘기하기를 서로 꺼리잖아요. 왜냐하면 침잠되기가 쉬운 주제니까요. 저는 항상 제 우울에 대해서 이해받지 못한다는 느낌을 계속 받고 자랐으니까 이걸 완벽하게 이해해 줄 사람을 찾아 나서는 작업을 무의식적으로 했던 것 같거든요. 친구와 대화하면서 어느 부분에서 안도감이 드는 자신이 되게 싫기도 하고요. 우울함은 남이 나랑 똑같이 겪어도 그것대로 기분이 더럽고 나랑 다르게 겪어도 고립감이 들어서 기분이 나쁜 것 같아요.

다나_ 저는 제 주변에 진짜 '해피해피'한 사람들이 많아요. 그래서 우울에 대해서 이야기하거나 털어놓기 굉장히 어렵단 말이에요. 이해도 못 할뿐더러 그냥 "운동 좀 해. 나가서 해 좀 봐." 이런 얘기만 나올 것 같아요. 우울에 대해서 공감해 주길 바라지도 않는 그런 상태예요. 근데 오늘은 좀 달라요. 우울에 대해 이해하고 있는 사람들과 만난다면, 이렇게 만나서 대화하는 것 자체가 나에게도 위로가 될 수 있었으면 좋겠다는 기대감으로 여기 왔거든요.

태랑_ 누가 "그래서 어떻게 우울한 건데?"하고 말해보라고 하면 스스로 좀 구차하잖아요. 나는 7분 동안 죽음에 대해서 생각하고 아침에 일어난 순간부터 고독하고… 이렇게 말할 수가 없잖아요. 저는 학부 때 심리검사 수업을 들은 적이 있어요. 대형 강의였고 각자 검사지를 제출하는데 교수님이 따라오라고 한 거예요. 근데 저는 당시에 완전 행복한 사람인 줄 알았거든요. 교수님이 원하면 풀배터리[1]를 받아보래요. 결과 해석 상담을 받고 나서 정기적으로 상담도 받게 됐어요. 그런데 첫 상담이 있는 당일까지도 '가서 무슨 말 하지? 나는 아무런 고민이 없는데. 지금 너무 좋고 난 내가 되게 마음에 드는데.' 이런 생각으로 갔다가 상담실에서 바로 오열했거든요. 그때 나눴던 대화가 내 마음의 뭔가를 건드린 거죠. '내가 한 10년을 생각해 봐야 할 과제가 생겼구나.'라는 생각이 들어서 후련하면서도 또 한편으로는 막연하기도 하고 그런 생각이 들더라고요. 고립감이 들면 누군가에게 나를 드러내는 게, 내가 어느 선까지 말해야 할지 기준을 세우는 게 참 힘들어요. SNS에서도 나를 백 퍼센트 다 드러내기 힘들고요. 가끔 상대와 대화하는 동시에 내가 미리 준비된 대본을 읽는 것 같은 느낌이 들 때가 있어요. 내가 지금 나를 연기하고 있다. 내가 이걸 또 이렇게 말하고 있네. 그런 생각이 들어요.

헬씨_ 상담사 바꿀 때 좀 그런 생각해요. 상담사 바꾸기 쉽지

---

[1]. 종합심리검사(Full-Battery 풀배터리): 인지 및 사고기능, 정서 상태, 성격 특징, 핵심 갈등 영역, 대인관계, 심리적 자원 등 심리적 기능 전반을 탐색하여 개인의 심리적 문제를 평가하고 심리치료 계획을 수립하기 위해 실시하는 검사 (출처. 한국심리상담센터)

않은 것 같아요. 내가 이만큼 라포[2]를 쌓았는데 이만큼의 데이터를 이 사람한테 줘버렸는데 다른 사람한테 가면 또 내가 어디서부터 우울했는데 이게 시작이 어디냐면요, 제 트라우마가 어디냐면요, 이러면서 그때부터 다시 이 사람과 신뢰 관계를 쌓아야 하잖아요. 저는 대부분의 상담 기간 동안 거의 아무 말도 못 했던 최악의 내담자였단 말이에요. 그래서 더욱 이런 부분에 대한 부담이 큰 것 같아요. 상담도 대화니까 듣는 사람을 고려해야 하고요.

신희_ 저도 비슷한 경험이 있어요. 상담 선생님과 함께 레고 성을 쌓았는데, 새로운 분으로 바뀌면 이전에 쌓은 성은 없어지고 새롭게 다시 만들어야 하는 느낌이에요. 난 이미 한번 만들어봤으니까 재미가 없는 거죠. 지루하고요. '내 상태를 어디서부터 어떻게 설명해야 하지?' 하는 생각도 들고요.

헬씨_ 차라리 문서로 넘기고 싶어요.

신희_ 맞아요. 출력해 갈까도 생각해 봤어요.

---

2. 라포(rapport): 상호신뢰관계를 의미하는 것으로 두 사람 사이에 감정교류를 통한 공감이 형성되어 있는 상태 (출처. 서울아산병원 알기쉬운의학용어)

헬씨_ 힘들어요.

다나_ 그럼 처음에 상담사는 어떻게 선택하셨어요?

헬씨_ 진짜 어려운 질문인데 왜냐하면 제가 상담사 운이 대체로 없었어요. 그래도 지금 상담사는 잘 맞아서 2년간 다니고 있는데 심리 상담이 아니라 정신분석 상담을 다니고 있어요. 침대에서 한 달간 머물렀을 때 친구가 상담받아봐라 했는데 됐다고 하고, 나아졌을 때 친구가 자기가 알고 있는 모든 사람한테 다 상담소 좀 소개해달라고 부탁한 거예요. 상담을 받다가 말았다가, 다시 받다가 말다가 하다가 어떤 상담사가 다른 연구소를 소개해 주겠다 하고 소개받은 게 이곳이었어요.

다나_ 맞고 안 맞고는 어떤 기준으로 판단 하셨어요?

헬씨_ 혐오적인 표현을 하거나 나에게 편견이 있거나 나랑 상성이 안 맞는 말을 하면 일단 당연히 거르게 되는 거고 이 사람이 유능한가도 중요한 것 같아요. 게다가 상담은 대화하는 거니까. 근데 사실 그만큼 맞는 사람 찾기가 힘든 것 같아요.

신희_ 저는 에너지를 최소한으로 사용해서 갈 수 있는 곳이 먼저였어요. 그리고 상담사가 저와 맞는지 아는 방법은 운이 따라줘야 하지 않나 싶어요. 가장 중요한 건 상담받으러 가는 거라고 봐요. 그래서 저는 위치가 가까운 것도 중요하다고 생각해요.

헬씨_ 제일 중요한 건 멈추는 거. 아니라고 생각했을 때 상담사를 이해하지 않고, 상담사가 뭔가 뜻이 있을 거라고 생각하지 말고. 그걸 참고 있으면 안 돼요. 그냥 이해하려고 하면 안 돼요. 어쨌든 나도 이 사람한테 소비를 한 거고 이 사람은 나한테 맞는 서비스를 줘야 하는데. 그걸 또 관계라고 생각을 해서 맺고 끊음을 소홀히 하면 안 되는 것 같습니다.

다나_ 저는 정신의학과에 다니면서 약을 처방받고 있는데 상담은 한 번도 안 해봤거든요. 돈과 시간을 써야 하는 일이기 때문에 섣불리 갈 수가 없는 거예요. 인터넷을 찾아본다고 해도 믿을 수도 없고. 그래서 망설이고 있는 순간이라서 참고가 될 것 같아요.

헬씨_ 근데 상담할 때 맺고 끊음을 하려면 아주 우울할 때 찾아가면 안 되는 것 같아요. 내가 발품을 팔 에너지가 있을 때 찾아가는 게 베스트인 것 같아요.

태랑_ 꿀팁이네요.

다나_ 우울하다 보면 거기에서 벗어나고 싶다는 생각을 계속하잖아요. 그래서 뭔가 잠깐이라도 벗어날 수 있는 순간을 만들 수 있는 방법이 있으신지 궁금하고, 우울한 상태로 어떻게 살아가고 계신지도 궁금하네요.

헬씨_ 저는 확실한 방법이 있는데 추천하지 않아요. 엄청 부정적인 방법이에요. 우울의 밑바닥에 가면 고민을 해요. '너 지금 죽을 수 있어?'라고 해서, 아니라고 하면 그냥 치고 올라가려고 노력하는 거고 '응'이라고 하는 순간 저도 죽겠죠. 근데 지금까지 아니라고 답한 순간이 많았으므로 제가 살아있는 건데 다른 사람한테 추천하지는 않지만요. 어쨌든 '안 죽을 거야'라고 하면 '그럼 너 살아야지. 너 뭔가 이 상태로 쭉 있을 순 없잖아.'라고 생각을 하고, 그 방법을 제일 잘 쓰는 것 같아요. 엄청 위험한 방법이지만 그 방법밖에 저는 찾아낸 게 없어요. 우울할 때는 우울할 수밖에 없죠.

다나_ 저는 우울할 때 대부분 누워 있거든요. 누워있으면 침대

속에 빨려드는 느낌이 들어요.

헬씨_ 녹는 느낌? 맞아요.

다나_ 뭔가 빨려드는 듯한 느낌이 들면서 되게 침체되는데, 제가 만나고 있는 정신건강의학과 선생님은 그냥 일어나는 것부터 시작하라고 얘기를 항상 해주거든요. 일단 일어나라고. 그래서 언제 한 번 못 일어나서 병원엘 못 가고 전화로 상담했는데 지금도 혹시 누워 계시냐고 물어보더라고요. 마침 누워 있었거든요. 그랬더니 선생님이 그러면 잠깐 시간 드릴 테니까 어떻게든 일어나 보라고 하더라고요. 몸을 일으키라고 하는데, 진짜 한참 걸리거든요. 몸을 일으키고 손발을 이렇게 조물조물하면서 좀 감각을 느껴보라는 얘기를 하더라고요. 근데 우울할 때 움직이는 것 자체가 너무 힘들잖아요.

헬씨_ 그냥 우울함에 취하기가 쉬운 것 같아요.

다나_ 움직이는 게 힘드니까 내가 우울증을 겪고 있다고 하겠죠. 저는 아직 명확한 방법을 찾지 못 했는데 '일어나는 것부터 시작해야지.'라는 거는 인식은 하고 있고 실천은 잘 못 하는 것 같아요. 그대로 그냥 잠이 들지도 못 하고 깨지도 못한 상태로 이렇게 누워 있는 거. 그래도 좀 감각을 느끼려고 힘이 있을 때 조물조물한다거나 아니면 몸을 일으킨다거나 그런 방법들을 도전해 보는 것 같아요. 어떠세요?

 태랑_ 저는 얼마나 우울한가에 따라 좀 다른 것 같기는 한데 일단은 루틴에 많이 기대고 있어요. 커피를 좋아하는데, 커피를 매일 아침에 먹는다거나 오늘 해냈으니까 내일도 이 시간을 갖고 싶다 하고 이제 연명하는 거죠. 아니면 영화에 엄청 빠져서 비는 시간마다 극장에 가서 영화를 봤을 때도 있었고 책 보는 것에 집착하던 때도 있었고. 혹은 내가 좋아하는 작가가 다음 작품 낼 때까지는 좀 기다렸다가 그건 읽자 뭐 이런 생각을 하기도 하고요. 그리고 전 일주일에 한 번 청소년들과 수업하거든요. 그래서 '다음 주 수업은 그래도 가야지.' 이런 생각을 하면서 좀 버틴다거나 해요. 학생들 영상이나 사진을 보면서 버티기도 하고요. 아무래도 보다 보면 웃음이 나니까. 근데 웃음이 나는 거랑 내가 우울한 게 인지부조화가 생기잖아요. 그래서 그냥 그걸 이용해요. '웃었으니까 일어나 보자.' 이렇게. 커피 마셔보자, 책을 조금이라도 읽어보자, 이렇게. 또 저는 작품을 내고 싶은 욕구가 굉장히 큰 편이어서 '책 한 권 더 쓰려면 원고를 써야 하는데.' 이런 생각으로 죽음에 대한 생각에서 자꾸 도망을 가는 것 같아요.

신희_ 저도 최대한 몸을 움직이려고 하는 편이에요. 생각이 많은 편이라 우울한 경우에는 우울함으로 더 깊게 빠지더라고요. 그래서 더 들어가지 않기 위해 조깅을 하고 있어요. 최근엔 조깅하는 것도 한계가 찾아온 거 같아요. 옛날에는 한번 뛰고 나면 우울한 감정들을 쉽게 잊을 수 있었는데, 이제는 효율이 안 좋아진 느낌이랄까요. 뛰는 순간에 '어차피 내일 다시 우울해 할 텐데 뭐 하러 뛰고 있지?' 하는 생각이 드는 거예요. 이제 방법을 바꿔야 하나. 어떤 방법이 있을지, 어떻게 찾아야 할지 고민이에요.

태랑_ 학교 다닐 때는 우울할 때마다 도서관 가서 이상심리학 사례집을 읽었거든요. 이 사람보다 내가 낫다면서 탐독했죠. 말하자면 길티플래저 같은 거죠. 근데 어쩔 수 없었어요. 그거 말고는 방법이 없는 거예요. 도서관 열람실에 틀어박혀서 같은 책을 매일 보면서 낄낄대는 거예요. 돌이켜보면 당시 되게 힘들었던 시기였는데 그때는 몰랐어요. 그냥 남한테 말할 수 없는 악취미 같은 거라고 생각했어요. 이제는 끊었지만 술담배에 중독되기도 했었어요. 몽롱한 상태가 그나마 버티기 좋으니까요. 주변에는 또 사람한테 기대는 경우도 좀 봤는데요. 근데 타인이 내가 딱 원하는 만큼 원하는 정도로 위로를 안 해주잖아요. 더구나 저는 다른 사람한테 잘 못 기대는 편이거든요.

신희_ 아까 스스로 질문을 하신다고 말씀해 주셨잖아요. 내가 살아야 할 이유에 대해서?

헬씨_ '이 상황에서 죽을 용기가 있느냐 없느냐'라는 질문이 정확한 표현 같아요.

모두_ 그렇군요.

헬씨_ 완전히 도박인 거죠. 만약에 '나 죽을 수 있어.' 하고 약을 먹으면 진짜 죽는 거거든요. 그러니까 제가 이번에 첫 직장, 첫 자취, 첫 외지 생활을 하는데 그때 너무 압박이 컸어요. 면접 보고 그다음 날 합격하고 다음 날 집을 구했어요. 7개월짜리 집을 구해서 정말 이제 외지에서 첫 직장을 다니지 않으면 안 되는 상황이 됐을 때 압박감이 너무 큰 거예요. 그때 딱히 우울한 증세는 없었는데 우울한 감정이 들었을 때 '약 먹을 수 있겠는데.'라고 생각했고 저는 바로 오십 알을 먹었어요. 그렇게 극단적인 경우는 사실 줄어들고 있어서 다행이긴 한데 가벼운 극복 방법은 솔직히 잘 모르겠어요. 저는 조울증이라서 평소에는 되게 괜찮다가 우울증이 확 오는 편이고 자살 충동이 심하고 짧게 오는 편이라서 그걸 '탁' 치고 올라가야 하거든요. 그런 면이 좀 다른 것 같아요.

신희_ 저는 절벽을 등지고 선택지가 주어진 듯한 느낌을 받았어요.

헬씨_ 공포감이 저를 지금까지 살리고 있는 것 같아요. 그리고 저는 대체로 스무살 때부터 굉장히 가파르게 좋아지는 상태여서 매년 되게 새롭거든요. 매년 가뿐함을 느끼고, 매년 색다르고, 매년 자기애나 자존감이 오르는 상태예요. 연말쯤 되면 그해에 대한 '애도 기간'을 가져요. 내가 평균적으로는 불행한 상태였지만 지금은 나아진 거지, 뭔가 좋은 상태는 아니라는 걸 받아들이는 애도 기간을 가져야지 내년에도 완충이 되거든요. 그래야 긍정적인 변화를 잘 받아들일 수 있고 그런데도 내가 더 나아질 거라는 희망과 이 행복이 끝이 아니라는 그런 것들이 저를 살리는 것 같아요. '나는 나아지고 있다. 나는 뭔가 더 나은 상태가 있고 사람들은 그 세상 속에서 살고 있는데 나도 그 세상 속으로 갈 수 있다. 약만 잘 먹고 상담 잘 받고 자기 관리만 잘하면 괜찮다. 나는 괜찮다.' 이렇게요.

신희_ 애도의 기간이란 어떤 걸까요?

횔씨_ 전체적으로 그렇게 행복하지 않았음을 인정하는 상태 같아요. 예를 들어서 책을 발간했거나 새로운 사람을 만났거나 친구를 만났거나 애인을 만났다 헤어졌다 이러거나 했을 때 그 순간에는 즐기고 있지만 전체적으로 봤을 때 나는 우울했었고 남들보다 처지는 상태였고 사실 불행한 상태였을 수도 있다는 걸 지나고 나서야 깨닫는 거죠. 나 불행했었구나. 내가 불안정한 면이 있구나 하고 그거를 인정하는 단계. 마냥 즐겁지 않았다는 걸 좀 받아들이는 과정 같아요. 사람들한테 애도 기간에 대한 얘기를 하면 "왜 그런 행동을 해? 그때 행복했었고 그러면 행복한 거 아니야?"라고 하는데 객관적으로 받아들이는 시간이 필요한 것 같아요. 조울증이다 보니까 저한테 필요한 시간이라고 여겨져요. 제가 스무살 이후에 제일 우울했을 때가 상태가 가파르게 좋아졌을 때거든요. 약이 정말 잘 맞았어요. 근데 그게 너무 반동이 심한 거예요. 왜냐하면 나는 이런 사람이라고 정의했던 게 완전히 달라지고 있는 거예요. 예를 들어서 제가 엄청난 중증 우울증이 있으면 우울과 내가 구별이 안 되는 상태잖아요. 근데 저는 그걸 6년간 겪었다고 치면 그동안 자아가 없었던 건데 그럼 그전 자아를 제 자아처럼 생각했단 말이에요. 되게 내향적이고 낯을 가리고 외골수 기질이 있고 그런 것들이 나아지면서 완전히 성향이 변한 거예요. 이제는 사람을 좋아하는 성격이 됐고 산만하게 이것저것 호기심이 많은 성격이 됐고 이런 거를 제가 받아들일 수 없는 거예요. 다른 사람 몸에 들어간 느낌이 계속 드는 거예요. 침대에 있을 때 녹아내리는 것 같은 상태가 되잖아요. 그해에 세 번의 자살 시도가 있었는데 제일 심했던 자살 시도는 침대에서 은둔했던 거였어요. '그냥 이대로 산화돼서 그냥 이렇게 가라앉다가 침대랑 한 몸이 될 수 있을 거야.'라고 엄청나게 믿었던 시기가 있었고 그때 인터넷으로 정보를 뒤지기 시작했어요. 살인 사건, 자살 사건, 미스터리 사건들. 인터넷에 엄청 자극적으로 나오잖아요. 그런 걸 찾아보다가 그냥 이런 방식으로 죽을 수 있는 게 아니라는 걸 깨달았어요. 그런데 인스타그램에 1분짜리 영화[3] 영상 클립이 올라오는 계정이 있었어요. 거기에 한 여성이 탭댄스를 추는 장면이 있는 거예요. '내가 만약에 괜찮아지면 그 영화를 봐야지.'라고 생각을 해서 그래서 산 게 사실 커요. 약 오십 알을 먹을 때는 새로운 일들이 엄청나게 부담이었는데 지금은 다행히 순조로워요. 직장도 만족하면서 잘 다니고 배운다는 생각으로 다니고 있고 집 자체도 만족하면서 살고 있고 원주라는 지역 자체도 좋아요.

---

3. 영화의 제목은 <버팔로 66>

태랑_ 학생들을 만나서 수업하는 것 중에 기분 감정 수업이 있어요. 내가 지금 되게 불쾌한데 말로 표현하지 못하니까 막 이렇게 끙끙 앓고 있는 짜증만 나는 상태인 경우가 있는데 그 상태에 이름을 붙여주는 거를 하거든요. 그래서 "너 지금 되게 우울하구나. 아니면 너 지금 되게 외롭구나. 너 이걸 분노라고 하는 거야." 이렇게요. 저는 감정이 뭔지 모를 때가 괴롭더라고요. 나는 오늘 고독한 건가 아니면 내가 지금 화가 나는 건가 아니면 슬픈 건가 이거를 이제 구분하려고 하거든요. 그래서 '나는 오늘 슬펐지.' 하고 기록하고 나면 그거는 이제 내 것은 아니라고 보통 생각하는 것 같아요. 그래서 내가 쓰는 일기도 다시 보지 않으려고 해요. 접어놓고 그냥 두는 거죠. 생각하지 않으려고 의식적으로 그렇게 한다고 해야 하나? 내가 갖고 있는 고민이 있더라도 커피를 한잔 마시는 동안은 생각하지 않는다거나 이걸 다 마시고 나면 그게 이제 휘발될 거라고 계속 머릿속으로 생각하려고 하는 것 같아요. 제가 처음에 우울감을 느꼈을 때 한 선배가 해준 말이 있어요. 그때는 제가 외로워한다고 생각했어요. 우울감이 아니라. 아무렇지도 않은 일상에서 갑자기 제 마음이 이렇게 무너지는 느낌이 그게 내가 외로워서 그런가 보다라고 생각하고 선배한테 말했더니 그 외로움이 견디기 힘든 거냐 아니면 이제 그 외로움이 조금 좋은 기분도 같이 따라오냐 이렇게 구체적으로 물어봐

주더라고요. 감정을 들여다보는 첫 작업을 그 선배 때문에 했던 것 같아요. 그래서 수년이 지나고 그때 고마웠다고 말하니까 기억을 못 하더라고요. 어쨌든 그때 많이 느꼈던 게 내가 하는 한마디 한마디가 내가 그랬던 것처럼 누군가에겐 3년, 4년, 5년을 계속 떠오르게 하는 그 탭댄스 장면 같은 걸 수도 있다는 거죠.

신희_ 아까 헬씨는 자기만의 시간을 가진다고 하셨는데 구체적으로 뭘 하면서 보내나요?

헬씨_ 최근에 너무 바빠서 자기만의 시간이 없었던 것 같아요. 굶아떨어지기 바빠서. 미라클 모닝을 하려고 노력해서 아침 4시에 일어나는 연습을 하고 있거든요. 일어나서 소설도 쓰다가 그림도 그리다가 검색도 하다가 릴스도 봅니다. 시도하는 걸 되게 좋아하고 벌여 놓는 걸 좋아하고 스터디 모임 이런 걸 되게 좋아하는 편이라서 자기만의 시간이라고 하지만 사실 자기만의 시간이라고 하기엔 애매해요. 그나마 자기만의 시간이라고 할 수 있는 거는 동양차에 입문을 하려고 해서, 동양차를 한가득 샀어요. 그래서 티백에 넣어서 먹고, 또 좀 덜 게으르다면 명상도 한번 해보고요. 명상이 의외로 효과가 있더라고요.

신희_ 명상하기 전에는 제가 보는 세상이 누렇게 먼지가 끼어있는 느낌이었는데, 하고 나니까 싹 사라진 느낌이었어요.

헬씨_ 호흡이 정리되고 자세가 정리되니까 좀 효과가 있는 것 같아요.

태랑_ 아까 영화 얘기가 나왔는데요. 이 대화도 예술적인 장면이 될 수 있을 것 같아요. 인터뷰가 끝나면 각자 집으로 돌아가면서 어떤 단어들이 남아있을 텐데 그거를 계속 간직하고 기억하거나 헬씨가 말한 영화를 또 찾아본다거나 해서 '그때 이 영화가 이 장면을 말씀하신 거구나.'라든지 그런 연결된 지점들을 찾아낼 수도 있을 거고요. 마지막으로 혹시 다음 인터뷰이한테 해주고 싶은 말이 있다면 말씀해 주시겠어요?

헬씨_ 다음 인터뷰이도 우울증 환자일 거 아니에요. 제가 우울증 환자한테 매번 하는 말은 "그것보다 나은 세계가 있다. 갈 수 있다."에요. 저는 스무살 이후부터 계속 그래왔거든요. 계속 나아졌어요. 얼마만큼 나아졌는지 여부를 떠나서 계속 괜찮아졌고 그건 제가 상상할 수 없었던 세계였거든요. 정말 저는 그런 세계가 있을 거라고 생각 못 했던. 제가 매년 애도의 시기를 보내는 이유는 매년 여기까지 올라올 거라 생각할 수 없었던 만큼 올라왔기 때문에, 이보다 더 좋은 환경은 없을 거라고 생각했기 때문에 그랬던 거거든요. 한계를 짓지 않았으면 좋겠어요. 더 나아질 수 있고 정말 그거는 내가 노력해서 온다기보다는 어느 순간 갑자기 훅. 살이 급격하게 빠지지 않는 이상 잘 모르잖아요. 내 몸이 얼마나 가벼워졌는지. 하지만 빠질 수 있으니까 내가 여기서 영원히 머무를 거라는 생각을 안 했으면 좋겠어요.

　신희는 헬씨와의 인터뷰 말미에 "오늘 인터뷰는 한 사람이라는 책을 읽은 것 같아요."라고 말했다. 앞으로 헬씨가 사는 원주시에 가게 되면 오늘 들었던 이야기가 많이 떠오를 것 같다고. 오늘 헬씨와의 대화를 통해 우리 삶에 새로운 고리가 생겨났고 부디 헬씨에게도 그러하기를 바라며 대화를 마쳤다.

인애는
서른 살이 넘어서 ADHD 진단을 받았다.
우울증 약을 먹었을 때와 다르게 자살 충동이 사라졌다.

02 인애의 이야기, 조울증인 줄 알았는데 ADHD였습니다.

신희는 평소 감정이나 생각을 글로 많이 남기는 편이다. 그러다 보니 다른 사람들은 우울할 때 어떤 감정선을 느끼고 어떻게 해소하는지 궁금했다. 이 모든 대화는 "다른 사람의 얘기를 듣고 대신 기록해 더 많은 이들과 공유하면 어떨까?"라는 생각에서 출발한 것이다. 인애는 "나만 이렇게 우울할 리가 없다."는 무드트래커 팀의 말에 크게 공감하며 "우울에 관한 대화를 통해 서로의 상황을 조금 더 이해할 수 있다."는 말로 이야기를 시작했다.

다나_ 우울증이라는 게 어찌 보면 쉽게 드러낼 수 있지만, 또 드러내기 어려운 측면도 있는 것 같아요. 만나는 사람 모두에게 "나는 이런 상태고 이런 상황이야."라고 설명하지 못 하니까요. 원가족한테도 마찬가지고요.

인애_ 저는 20대 초쯤에 어머니에게 "내가 너무 우울해서 정신과에 가고 싶다. 근데 돈이 없으니까 경제적으로 지원을 해달라."고 했어요. 아버지가 목사님이신데, 어머니께서는 기도를 열심히 하라고 하셨어요. 그리고서 어머니가 자식들이 다 우울증을 앓으니까 상담을 배우기 시작해서 지금은 지원도 해주시고 응원도 해주시는데, 아버지는 여전히 모르세요. 아버지한테 말 못 한 이유는 너무 고지식한 분이라서. 우울증이 누구에게나 올 수 있는 게 아니라고 생각하시는 것 같아요. '이겨내야지, 극복해야지.' 이렇게 생각하실 것 같다는 막연한 두려움 때문에 얘기를 못 꺼냈어요.

태랑_ 저도 아버지는 모르시고, 어머니한테는 일 년간 약을 먹고 좋아져서 약 끊고 나서 말했어요. "내가 좀 힘들었는데 이제 약 끊었다. 걱정하지 말라."고 얘기했더니 이제 어머니가 걱정하는 거죠. 또다시 약을 먹게 됐을 때도 조심스러웠지만 "좀 힘들어서 다시 약을 먹고 있어." 이렇게 말했고요.

다나_ 저도 그렇네요. 어머니한테는 들켰어요. 집에 갔을 때. 잘 때 약을 먹어야 되잖아요. 아침, 저녁으로 먹어야 하는데 약을 먹다가 들킨 거예요. "너 무슨 약을 먹냐." 그래서 제가 거짓말을 잘 못해서 그냥 정신과 약이라고 얘기를 하게 된 거고, 그러고 나서 그 주제로는 아직 대화를 못 해본 것 같아요. 어머니도 받아들이는 시간이 필요하신 것 같고. 이제 약 먹는 걸 봐도 묻지 않으시는 정도고, 아빠한테는 말하지 않았고요. 가족 중에서는 유일하게 언니한테만 말했어요. 저는 동생도 있는데, 동생한테도 말하지 않았고요. 그래서 왜 그럴까 생각을 해보면, 엄마가 수면제 먹는 거에 대한 얘기를 하신 적 있어요. "요즘 사람들은 수면제를 너무 쉽게 먹는 것 같다." "그렇게 약으로 버티면 안 되는데." 이런 말을 하는 걸 듣고 '엄마한테 말할 수 없겠다. 나도 먹는데.'라는 생각이 들어서 말을 못 했던 것 같아요. 아버지도 생각이 다르지 않을 것 같아요. 아마 엄마보다 더 그런 생각이 강할 거고요. 언니한테는 말을 해야 집에서 공황 발작이 와도 대처가 가능할 것 같아서 말했거든요. "내가 이런 상태라서 집에서 밥을 잘 못 먹을 수도 있고 공황이 올 수도 있다."라고 이야기하면서 대응을 부탁해두었어요.

신희_ 저는 가족 중 아무에게도 공개하지 않았는데, 왜 말하지 않았을까 곰곰이 생각을 해봤어요. 아마 극복해야 하는 거라고 여기진 않을까. 그래서 말하는 과정 자체가 굉장히 피곤할 것 같았어요. 두렵기도 하고요.

인애_ 이해 기반이 조금 다른 것 같다는 생각이 들어요. 특히 부모 세대들은. 사회적 시스템이 아니라 개인이 해결해야 될 문제라고 보는 것 같아요. 심지어 자신이 우울증인지도 모르는 경우도 있는 것 같아요. 저희 아버지가 우울증인 것 같거든요. 그냥 갑자기 눈물을 흘리세요. 분명 우울증인 것 같단 말이죠. 근데 자기 자신이 우울증인 건 모르세요. (부모 세대들은) 감정을 드러내는 게 되게 연약하다고 보는 것 같기도 해요. 자신의 감정을 명확하게 인지하는 사람이 많이 없다는 생각도 들고요. 정확하게 싫다, 좋다, 이것뿐만 아니라 더 깊이 들어가서 내가 지금 어떤 상황인지도 인지를 해야 하는데 그런 것도 어려워하시는 것 같아요.

태랑_ 저는 제가 만나는 학생한테는 말하거든요. "내가 요즘 병원에 다니는데." 라던가 "상담을 받는데, 약을 먹고 있어." 이렇게 쉽게 말해요. 다음 세대는 자연스럽게 받아들일 수 있을 거라는 믿음이 있었던 것 같아요. 아까 말한 것처럼 우리가 가족을 볼 때도 '우울증인 것 같은데.'라는 시선이 생긴 거잖아요. 학생을 볼 때도 마찬가지에요. '저 학생은 조금 우울감이 있는 것 같은데. 상담이 필요해 보이는데.' 이렇게 관찰이 되더라고요. 제가 먼저 우울 얘기를 꺼내서 물꼬를 트는 거죠. 실제로 저랑 얘기하고 나서 병원 찾아가서 가족 상담한 경우도 있고 보호자가 상담을 받는 경우도 있었어요. 안전한 자리에서 우울증, 우울감 같은 말을 더 많이 꺼내면 좋은 효과도 있을 수 있지 않을까 생각해요.

 인애_ 맞아요. '우울증' 하면, 집에서 며칠간 안 나오고 밥도 못 먹고 이렇게 생각하는데 눈도 똑바로 마주칠 수 있고 이야기도 할 수 있어요. 근데 이러면 심각하다고 생각하지 않는 거죠. 우울증도 스펙트럼이 넓은데 뭔가 엄청 심각해야지만 내가 병원에 갈 수 있는 자격이 주어진다고 생각하는 친구들도 많은 것 같아요. 나 정도면은 괜찮겠지. 나는 그렇게까지는 아니니까. 이렇게 생각하고 참는 친구들도 제 주변에 있는 것 같아요.

 태랑_ 보호 병동에 바로 입원해야 할 정도가 아니라면 우리가 억지로 병원 가자고 할 수가 없잖아요. 그리고 프라이버시 문제도 충분히 있고. 그래서 저는 집단에 따라서 좀 다르지만 제 상태에 대해서는 드러내는 편이에요. 저희 회사가 이런 문제에 대한 차별이 없는 편이에요. "우울증을 겪고 있어요." 이러면, "우리가 뭘 도와주면 돼요?" 이런 분위기에요. 이런 게 우리

학생들 사이에서도 있으면 좋겠어요.

 다나_ 저도 인애 님 친구들처럼 '나 정도면 병원에 안 가는 게 맞지.' 이렇게 생각했거든요. 그렇게 생각한 기간이 꽤 오래된 것 같아요. 내가 진짜 힘든데, 그냥 '힘들다.' 정도로 인식하지 이게 어떤 증상인지, 병원에 가봐야겠다고 인식하기까지 꽤 시간이 걸렸어요. 그걸 인식한 계기가 태랑이 병원 다니면서 약을 먹는다고 얘기했을 때에요. 주변에 우울증이 있다고 공개한 사람이 없었는데 처음 만난 우울증 환자였거든요. 그래서 저도 상태를 공유하고 도움을 요청한 적이 있어요. 공황발작이 갑자기 세게 왔는데, 그때 태랑이 병원에 가보라고 말을 해줬고 그게 도움이 됐던 것 같아요. 내가 자주 만나는 사람이 자신도 앓고 있다고 공개하고, 그다음에 병원에 가보는 게 좋겠다고 추천하니 저도 병원에 가게 된 거죠. 그 후엔 회사 동료들에게는 말했고 가능한 친구들한테도 얘기를 한 상태거든요. 처음에 우울증이라는 걸 받아들이고 병원에 가기까지 굉장히 어려운 문턱이 아직 있는 것 같고 그 문턱을 낮출 수 있으면 좋겠어요.

 인애_ 문턱도 높거니와 맞는 상담 선생님 찾는 것도 어렵고, 내 병식[4]을 제대로 아는 것도 진짜 어렵다는 생각이 들어요.

---

4. 자신이 병에 걸린 상태를 인식하는 것으로 정신과적으로는 환자가 자신의 증

저는 병원 다니면서도 한 네다섯 번 실패했어요. 어디서는 저를 조울증이라고 판단하고 어디서는 저를 우울증이라고 판단했어요. 제가 서른 살이 넘어서 ADHD 진단을 받았어요. 이전에는 ADHD였던 걸 몰랐던 거죠. 우울증 약을 먹었을 때보다 훨씬 더 효과적이에요. 신기한 게 자살 충동도 없어졌고요. 그래서 제가 주변에 ADHD인 것 같은 친구들한테 조심스럽게 권유를 했어요. 친구 두 명도 ADHD 진단을 받았어요. 나이가 삼십대 중반인데 그때까지도 그냥 자기자신을 우울감이 있는 사람이라고만 생각했고 조금 부산하고 실수 많이 하고 직장생활을 못하는 사람이라고 생각했는데. 저도 친구 추천으로 검사를 받게 됐거든요. '나 아닌데?'라고 처음엔 생각했어요. 그냥 미디어에서 보여주는 ADHD 증상만 알고 있어서 단정적이었던 거죠. 그런데 의사 선생님이 "인애 씨, 어떻게 견디셨어요?" 하더라고요. 수치가 너무 심각한 거죠. 약을 먹고 나니까 'ADHD가 아닌 사람들은 이렇게 사는구나' '다른 사람들은 이렇게 생각이 없구나'라는 생각이 들었어요. 그러니까 저는 생각의 스위치가 꺼지지 않고 하루 종일 생각했거든요. 검사를 하면서도 "제발 다시 하면 안 돼요?"라고 말했어요. 검사가 어떻게 진행이 됐냐면 컴퓨터가 있고 그냥

상과 본인의 감정과 태도, 행동의 의미와 원인을 이해하고 인지하는 상태를 말한다. (출처. 서울아산병원 알기쉬운의학용어)

마우스로 딸깍딸깍 누르는 게 전부였어요. 근데 너무 어려운 거예요. 사칙연산 이런 거 나오는 것도 아니에요. 실수를 안 하고 싶은데 계속 실수하는 거예요. 그때부터 좀 이상하다고 느꼈던 것 같아요. 약을 먹고나서 제가 제일 신기한 건 사람들 말이 정리가 돼요. 무슨 말하는지 들려요. 이전에는 대화를 하면서 글씨를 계속 썼거든요. 흐름을 놓치지 않기 위해서. 그렇다고 해서 머릿속에 들어오지도 않아요. 근데 그렇게라도 해야 몇 자를 내가 건질 수 있으니까. 지금은 그렇게 노력하지 않아도 그냥 사람들 말이 들려서 되게 신기해요. 저는 예전에 첫 상담은 대학교에서 했거든요. 정말 최악이었어요. 지금도 기억나는데 데이터가 있어야 하니까 '하루에 자살 생각 몇 번 하세요?' '일주일에 자살 시도 몇 번 하셨어요?' 이런 문항만 있는 거예요. 그래서 "저 그냥 갈게요." 이러고 나왔어요.

 태랑_ 맞아요. 그 질문은 꼭 하더라고요. 되게 중요한 지표인가 봐요. '몇 번'이나 생각하는지. 최근에 갔던 선생님도 죽음에 대한 데이터를 물어보더라고요. 저도 "이게 왜 필요한 거냐." 했는데 보통 사람은 죽음에 대한 생각을 6분 이상 하지 않는대요. 제가 남한테 피해 입히는 것을 싫어하는데 '내가 죽으면 시체는 누가 치우지?'라는 생각이 저를 엄청 붙잡았거든요. 이런 종류의 생각까지 다 포함했을 때

6분이라고 하더라고요. 그게 평균이래요. 저는 그 말 들으니까 쉽더라구요. 몇 분이라면 나는 문제가 있구나. 지금 도움이 필요하구나. 이렇게 명확해졌다고 해야 하나.

 인애_ 여기서 또 제가 ADHD 약 얘기를 안 할 수가 없을 것 같은데요. 저는 죽음에 대한 생각도 다 호르몬 때문이었다는 걸 알고 나니까 너무 화가 나는 거예요. 습관적으로 자살 생각이 계속 들었어요. 그냥 누워있으면 아무 생각이 안 나야 하는데 딱 달라붙어서 생각이 자연스럽게 계속 올라오는 거예요. 근데 약을 먹고 나서는 그 생각이 싹 사라졌어요. 이게 너무 신기하더라고요. 옛날에는 횡단보도만 있으면 습관적으로 '지금 뛰어들까.' 이렇게 생각하고 높은 건물에만 가도 '여기 좋은데.' 이렇게 계속 생각이 따라다녔다면 ADHD 약을 먹고 나서는 우울증 약으로 해결이 되지 않았던 게 된 거죠. 요즘엔 자살 생각을 아예 안 해요. 습관적으로 했던 생각들은. 여전히 아직도 왜 살아야 하는지는 모르겠지만, 자살 시도에 대한 생각은 싹 없어졌어요.

 신희_ 우울한 생각이 계속될 때, 벗어나는 방법이 있으신가요? 저는 조깅하는데 요즘 한계에 부딪혔어요.

인애_ 병원 선생님이 해준 말인데, 결국 도파민을 분비해 나를 자극하는 행동에는 익숙해질 수밖에 없다고 해요. 제가 원래 습관처럼 초콜릿을 먹었거든요. 기분을 좀 나아지게 하려고. 단 걸 계속 먹어서 내 기분을 일시적으로 전환하고 그랬는데 그걸 요즘엔 안 하고 있어요. 그냥 온전히 그 감정에 매몰되지 않되 똑바로 인식을 해보려고 하는 것 같아요. 감정이 해결되지 않은 채 쌓이면 그게 결국 무기력으로 온다고 그러더라고요. 저는 감정을 제가 잘 해결하고 알아차리고 있는 줄 알았는데 그냥 느끼기만 하고 내버려뒀더라고요. 그래서 그런 걸 명확히 알아보려고 글을 쓴다든지. 그냥 두서없이 생각나는 거 쭉 써보면서 인식 오류를 찾는다든지 그렇게 좀 하려고 하는데, 사실 너무 우울할 때는 그게 또 안 되기도 하잖아요. 그럼 그냥 누워 있어요. 딱히 뭘 할 생각은 못 하는 것 같아요. 누워서 계속 그냥 핸드폰만 보고. 조금 에너지가 있을 때는 누워서 말이라도 해요. 두서없이 말해도 누가 듣는 사람 없으니까. "그때 좀 짜증 났어." "왜?" 이러면서 혼자서 계속 묻고 답하면서. 누가 봤을 때는 이상할 수도 있는데. 그렇게라도 해서 뭉뚱그린 채로 감정을 내버려두지는 않는 것 같아요.

신희_ 질문을 통해 나의 진짜 감정을 알아차리는 작업, 그런 걸 해본다는 말씀인거죠?

인애_ 제 우울의 근원이 데이터가 쌓이지 않는 데에 있다고 하더라고요. 사람이 어떤 행동을 하거나, 뭘 배우거나 만나면 경험이 쌓이고 축적돼야 하는데 '인애 씨 창고에는 라벨링이 없는 상자만 그득하게 쌓여 있'대요. 그러니까 뭔가 경험도 많고 이런 지역에서 살아보고 저런 일도 해봤는데 '인애 씨한테 남은 게 아무것도 없어서 되게 공허하고 무기력하고 그렇다'는 거예요.

신희_ 조금 더 자세히 말씀해 주시겠어요?

인애_ 그간 제 선택은 떠밀려서 한 거였더라고요. 저는 다 '그냥'이었어요, 살아온 게. 제가 여기저기 많이 돌아다녔다고 했잖아요. 분명 어떤 이유가 있을 텐데 저는 그냥 끌려서, 하고 싶어서 했다고 말했거든요. 근데 상담 선생님이 "끌림, 하고 싶어서, 이런 이유로는 안 되는 거예요. 인애 씨한테 지금 어떠한 데이터도 남아있지 않아서 선택해야 할 때 너무 어려워하고 자기 확신이 없다."는 거예요. 예를 들어 이 인터뷰가 저한테 어떤 이유가 있냐고 물어보면 정확히 말을 못 하겠어요. 이런 것들이 다 쌓이고 쌓인 게 아닐까 하는 얘기를 들었어요. 저는 일을 할 때도 항상 어려웠어요. 성취감과 만족감을 못 느껴요. 이 일이 나한테 어떤 의미가 있는지를 모르니까 왜 해야 하는지도 모르고, 그냥 끌려서 했고. 이 일을 통해 무엇을 얻고 싶은지, 어떻게 성장하고 싶은지 없이 그냥 끌려서 했고 좋아서 했고. 최근에는 제가 일을 쉬면서 여러 프로젝트를 해보고 있어요. 친구가 글방을 해보고 싶다고 해서 제가 지금 글방도 운영하고 있거든요. 근데 선생님이 물어보는 거예요. "인애 씨 그거 왜 했어요?" 왜냐하면, 제가 너무 힘들어하거든요. 글방을 운영하는 걸. "그냥 그 친구를 도와주고 싶었어요. 친구가 자기가 하고 싶은 일을 하게끔 돕고 싶었어요." "왜요?" "모르겠어요." 이렇게 됐단 말이죠. 선생님은 친구가 고민을 털어놨을 때 그냥 들어주기만 하면 안 됐는지 물어보더라고요. 저는 글방을 하면 그 친구가 되게 행복하지 않을까 생각했는데 선생님은 "근데 거기서 인애 씨는요? 인애 씨가 없잖아요."라고 말하더라고요. 그래서 되게 당황스럽고. 벌써 1년 넘게 상담받고 있는데 여전히 세 살인 것 같기도 하고. 어렵더라고요.

태랑_ 저는 제가 기뻐하는 상태가 익숙하지 않아요. 익숙한 감정이 아니어서요.

인애_ 저도요.

태랑_ 처져 있을 때 나답고. 우울증이 계속 나를 잠식하고 있어서 이젠 친구 같고. 내가 극복하고 싶은지도 사실 모르겠어요. 물론 너무 괴로우면 아무 일도 못 하니까 그 정도는 싫은데, 약간의 처짐이 있는 상태가 전 좋고. 그리고 예민한 상태가 좋고. 감정이 막 이렇게 널뛰는 건 못참겠어요. 꼴 보기 싫다고 해야 하나.

 인애_ 태랑 말에 되게 공감이 가는 게, 제가 대안학교를 나왔거든요. 인문계 고등학교 자퇴하고 대안학교로 들어갔는데 그때 그런 기분을 많이 느꼈던 것 같아요. 분위기가 너무 화목하잖아요. 그러면 속에서 막 간질간질하고 막 메스껍고. 내 안에 괴물이 있는 것 같고, 더럽고, 짜증나고. 그런 감정이 올라올 때마다 익숙하지 않아서 그냥 상을 다 뒤엎듯이 했어요. 당연히 교우관계도 좋지 않았고요. 스무살이 되고 나서 만난 상담 선생님이 이러더라고요. 그게 바로 행복한 기분이라고.

 태랑_ 충동이 있는 거네요. 무언가 깨고 싶어 하는 충동이.

 인애_ 가정폭력을 당하며 자란 아이들은 무표정을 못 견딘대요. 무표정이 곧 전조 증상처럼 느껴져서 두렵게 느낀다는 거예요. 그런 불안한 상황에서 자란 아이들은 자신의 감정을 다 느끼지도 못한 채로 항상 불안함과 위기감 속에서 사니까 감정 인식이 제대로 발달을 안 한 상태로 자란다고요. 저는 너무 공감됐거든요. 왜냐면 내가 뭘 느끼는지도 잘 모르겠고. 지금도 가끔 느끼는데요, 너무 행복한 상황에 놓이면 벽 치고 싶고, 물건 부수고 싶고, 이런 생각이 들어요. 그래도 "아, 내가 지금 행복하구나. 편안하구나." 이렇게 말해주는 연습을 하고 있어요.

  태랑_ 선언하는 게 효과가 크대요. 저는 그거 자주 했어요. "잘 자" 자기 전에 말하는 거예요. 불면이 있지만, 어쨌든 그렇게 선언하는 거죠. 일어났을 때도 "잘 잤어?" 이렇게 한 번씩 자주 했었거든요. 요즘에도 해요. 속으로도 "잘 잤어. 살아있어." 이런 말을 많이 하면서 느끼려고 하고요. 저도 폭력적인 가정에서 자라서 어릴 때부터 계속 엄마를 보호해 줘야 한다는 생각이 있었고 계속 엄마랑 끈끈한 관계로 살아왔는데 상담선생님이 엄마도 폭력을 행한 거라고 하더라고요. 엄마도 말할 사람이 없으니까 제가 열 살 때도 저를 붙잡고 "어쩌면 좋니." 이런 말을 했던 건데 열 살이 어떻게 감당하겠어요. 아버지도 잘못했지만 엄마도 그랬으면 안 되는데, 그거에 대해서도 계속 용서를 해나가고 있어요. 제가 힘들었던 게 아버지를 미워하고 무서워하고 힘들어하면서도 가장으로서 우리 가족을 책임졌다고 인정하는 거예요. 미워할 수도, 좋아할 수도 없는 그런 상태에서 제가 들었던 수업에서는 분리하라고 하다라고요. 일단은 무조건 싫어하는 것만 써보라고. 싫어하는 거 쫙 목록처럼 쓰고 그다음에 인정하는 거 써보라고. 그래서 싫어하는 거, 좋아하는 거 각각 봐야지 섞어서 보면 미쳐버리는 거라고.

인애_ 저도 아버지가 문제였는데, 선생님이 "어머니도 가해자고 인애 씨는 어머니를 책임져야 할 의무가 없다. 어머님이 그때는 인애 씨를 책임을 졌어야 했다. 그러니 인애 씨 잘못이 없다."라고 했을 땐 받아들이기가 힘들었어요. 왜냐하면 저는 아빠가 최악이라고 생각하고 엄마는 천사라고 생각했거든요. 엄마가 저를 많이 때렸거든요. 근데 그런 기억은 하나도 안 나는 거야. 엄마가 저한테 미안하다고 하거든요. 엄마가 화가 나서 너를 그냥 막 때렸던 게 기억이 난다고. 그때 너무 미안했다고. 저는 너무 당황스러운 거예요. '에이, 엄마가 잘못 생각한 거겠지.' 했는데 상담 선생님한테 그런 이야기도 들으니까 엄마 말이 진짜인가 싶고. 선생님이 해준 말은 인애 씨는 그럴 수밖에 없었을 거라고, 그러지 않았으면 인애 씨를 보호해 줄 어른이 없으니까 그랬을 거라고 하더라고요. 자기 자신을 너무 탓하지 말고 지금부터 하면 되는 거라고. 생각해 보면 엄마가 나쁘다고는 단 한 번도 생각하지 못했던 거 같아요. 엄마랑 아빠처럼, 다른 관계에서도 이분법으로 나누어서 생각하는 게 너무 습관이 된 거 같아요. 싫은 사람은 절교해야지, 이렇게. 근데 선생님이 절교하지 않는 것도 가능하다는 거예요. 그래서 굳이 절교하지 않아도 된다는 걸 서른 몇 살이 되어서야 깨닫고. 연습을 계속해 나가는 것 같아요. 어렸을 때 배워야 할 것들을 지금 다시 이렇게도 해보고 저렇게도 해보고 하면서. 저는 전주에 와서 만난 친구가 해준 말이 충격이었어요. 친구가 이러는 거예요. "내가 너랑 싸우면 조금 얄미울 수 있지. 그래도 너를 싫어하진 않을 것 같아." 근데 저는 한 번 싸우면 항상 "이제 쟤는 날 엄청 싫어하겠지."라고 생각했어요. 그래서 한번도 지고 볶고, 다시 붙는 경험은 안 해봤는데. 그래서 제 친구를 보면서 저렇게도 인간관계를 맺을 수 있구나. '언제든 다시 문을 두드릴 수 있구나.'라는 걸 많이 느꼈던 것 같아요. 스펙트럼을 저렇게 넓게 볼 수 있구나.

다나_ 전주에는 작년에 이사 왔다고 하셨죠?

인애_ 전에는 목포에 살았어요. 선생님이 왜 지금 목포에서 전주로 이사를 가야 하는지 또 물어봐서 "전주에 좋은 친구들이 많아서요."라고 하니까 선생님이 또 뼈 때리는 말을 하는 거예요. "그럼 그 친구들이랑 싸우면요? 그러면 또 다른 지역 갈 거예요? 또 회피할 거예요?"

신희_ 저도 싸우고 나면 그 관계는 아예 끝이 난다고 생각해서 서운한 걸 잘 표현하지 않는 편이에요. 그렇지만 서운한 감정은 없어지지 않고 쌓여요. 나중에 폭발하죠. 제 인간관계를 살펴보면 친하면 엄청 친하거나 아니면 남보다 못한 사이뿐이에요. 그 중간에 있는 관계는 없네요.

태랑_ 전 그 문제에 대해 결론을 내렸어요. 그냥 한 달 동안 나를 신경 쓰고, 내가 신경 쓰는 사람이 지금 친한 사람이라고. 지금 만나는 사람한테 잘하자. 저는 1 대 1로 완전히 똑같은 관계란 허상 같아요. 내가 조금 더 챙겨주는 사람이 있고 또 나를 내가 생각하는 것보다 더 챙겨주는 사람도 있고. 그럼 그에 대한 보답을 또 다른 사람한테 하면 되고.

다나_ 애인 관계면 서로 표현하는 게 너무 당연한 것처럼 느껴지는데 친구 관계에서는 막 그렇게 표현하지 않잖아요. "사실 나 네가 너무 좋아." 이렇게 표현하지 않잖아요. 그게 너무 힘든 거예요. 내가 더 다가가면 부담스러워하지 않을까. 결국 지금은 '관계를 만들지 않으면 되지 않나.'라고 극단적인 생각을 하게 됐어요. 그래서 저는 주변에 사람을 남기지 않은 상태이고 친구가 많이 없다고 항상 얘기하거든요. 내가 누군가를 친구라 생각하면 마음을 써야 하고 관계에서 내가 기대한 피드백이

오지 않으면 상처받아서 싫으니까 그냥 친구가 아니라고 퉁쳐버리는 이런 상태인 것 같아요. 그래서 더 이상 새로운 관계를 만들고 싶지 않은.

 인애_ 저는 사실 사람들이 너무 좋거든요. "사람들 싫어."라고 냉소적으로 말해도 저는 정말 사람을 너무 좋아하는 사람이거든요. 선생님이 그러더라고요. 타인의 감정은 인애 씨가 컨트롤 할 수 있는 게 아니고, 인애 씨 감정에만 인애 씨가 최선을 다하면 되지 않냐. 내 감정에 집중하면 그걸로 제 역할은 다 끝난 거라고 얘기를 해주는 거예요. 저는 항상 친구인데도 "혹시 지금 연락이 가능하니? 그럼 내가 전화해도 될까?" 이렇게 물어본단 말이죠. 근데 선생님이 그러더라고요. 인애 씨가 표현하고 싶으면 표현해도 된다고. 누가 불친절하게 전화를 받으면 내가 싫어서라고 생각했는데, 그게 아니라 다양한 변수가 있을 수 있다는 거예요. 자고 일어나서 잠결에 받았을 수 있고 누구랑 싸웠을 수도 있고. 인애 씨 책임은 단 하나도 없다고요. 저는 통화를 할 때도 친구한테 엄청난 인사이트를 줘야 할 것 같고, 되게 양질의 대화여야만 될 것 같고 그랬는데 그냥 시시콜콜한 얘기도 괜찮다는 걸 상담받으면서 조금씩 경험하고 있는 것 같아요. 내가 누군가 너무 만나고 싶으면 제안을 해봐도 괜찮은 거구나 싶고. 친구가 거절할 수도 있지만 내 마음을 표현해도 괜찮은 거구나. 그런 걸 요즘 연습하고 있는 것 같아요. 그런데 뭔가 아쉬운 감정이 들면 부정은 하지 말라고 하더라고요. 친구한테 아쉬운 감정에서 더 나아가 자기를 괴롭히지 말라고요. 내가 만나기 싫은 사람인가 하는 생각이요. 그냥 아쉽네, 같이 술 한잔하고 싶었는데. 어쩔 수 없지. 여기에서 끝나야 한다고요. 그래서 요즘은 제 상황이나 감정을 표현하려고 노력하는 것 같아요. 예를 들면 전 누군가를 안고 싶다는 생각이 들거든요. 어떤 친구가 너무 힘든 얼굴로 자리에 나타난 거예요. 그래서 제가 "나 너랑 포옹하고 싶어." 했는데 그 친구가 우는 거예요. 고맙다고. 네가 포옹 한번 해줘서 내 마음이 사르르 녹았다고. 내가 미리 판단하지 않고 말해보는 게 이런 경험이구나 싶었어요.

태랑_ 경험을 많이 하시는 것 같아요. 보통은 그냥 지나갈 수 있는 경험에서도 인사이트를 많이 얻는 것 같네요.

다나_ 그럼 지금은 상담과 병원 치료를 병행하시는 거잖아요. 효과가 있다고 생각하시나요?

인애_ 원래는 상담만 받았는데, 약물 치료가 필요할 것 같다고 상담사님이 권했어요. 저는 온라인 상담을 받고 있거든요.

선생님이 자기는 의사는 아니니까 정확한 검사를 통해서 약물 치료를 했으면 좋겠다, 그게 훨씬 더 상담에도 효과가 있다고. 그래서 그렇게 했어요. 약에 의존하게 된다고 꺼리는 분들도 많은 걸로 알고 있어요. 한평생 내가 약을 먹어야 하는 거 아닌가 하고. 저는 이건 저 스스로 어찌할 수 있는 게 아니라고 생각해서 약을 먹게 됐고 사실 상담도 오프라인으로 받는 게 제일 좋다고 알고 있는데 제가 마음에 맞는 선생님이 서울에 계셔서 어쩔 수 없이 온라인으로 받고 있어요. 상담도, 약도 그분한테 타고 싶기는 하죠. 근데 지금은 이 방식이 제가 선택할 수 있는 최선인 것 같아요. 병행하는 것은 굉장히 효과가 있다고 생각합니다.

다나_ 저는 약물 치료만 하고 있고 상담은 한번도 안 해봤거든요. 인터뷰하다보니 상담을 통해 발견하는 부분이 되게 많다는 생각이 들어서 진짜 해봐야 하나 이런 생각이 들어요. 약물 치료를 거의 일 년간 받으며 많이 호전됐거든요. 공황이 되게 심했는데 공황이 오는 주기도 엄청 길어졌고 우울한 것도 많이 나아졌지만 여전히 차에 뛰어들고 싶다는 생각이 계속 들거든요. 막 길 가다가 그냥 옆으로 새고 싶고. 내 상태를 정확히 모르겠어요. 근데 약은 끊고 싶고.

인애_ 저는 저 대신 물고기를 잡아주는 게 아니라 제가 물고기 잡는 방법을 알려주는 선생님을 원했거든요. 그래서 내가 어떤 사고체계를 가지고 있고, 내가 지금 비논리적으로 편협하게 보고 있는 것은 무엇인지 깨닫게 해주는. 그러면 문제를 해결하면 되잖아요. 객관적으로 바라봐줄 사람이 필요하다는 생각이 들면 상담을 많이 추천해요. 저는 상담받기 전에는 사람들이 다 그렇게 사는 줄 알았거든요.

신희_ 맞아. 세상에 사는 사람들 다 나랑 비슷할 거라고 생각했는데.

다나_ 저도 그랬어요. 다들 학원 가기 싫으면 계단에서 굴러떨어지고 싶다고 생각하는 줄 알았어요. 그게 아니라고 하더라고요. 내가 굉장히 아팠으면 좋겠다, 이런 생각들. 모두가 그렇게 생각하는 건 아니라고 하더라고요.

인애_ 저도 누구나 그럴 거라 생각해서 한번도 물어보지 않았거든요.

태랑_ 일반적으로는 누군가에게 상해를 입히고 싶다는 생각은 되게 많이 한대요. 분노를 느끼면. 그런데 우울하고 화가 난다고 해서 내 몸에 상해를 입히고 싶다고 생각하는 사람은 드물대요.

인애_ 너무 충격적이네요. 고등학생 때 분노 조절 장애가 심각했어요. 제가 폭력성이 좀 남달랐거든요. ADHD 영향도 있었겠지만 감정을 통제하지 못해서 그냥 화냈어요. 벽을 친다거나 주변에 위협을 주고. 싸우다가 내 마음대로 안 되면 던지고 부수고. 한참 그렇게 통제가 안 돼서 너무 힘들었어요. 제발 누가 나 좀 고쳐줬으면 좋겠다 싶었죠. 사실 지금도 진짜 궁금해요. "당신은 무엇 때문에 살아가고 있습니까?" 사람들한테 물어보고 싶어요.

태랑_ 무엇이 당신을 살게 하는지. 저도 궁금해요.

인애_ 근데 누구나 다 왜 사는지 모르지만 살고 있는 거 아닌가 싶기도 한데.

인애는 다음 인터뷰이에게 물어보고 싶은 말은 아무리 생각해도 그것밖에 없다고 했다. 무엇이 당신을 살게 하는지. 어쩌면 모두가 품고 있지만 아무도 해결하지 못할 질문을 끌어안고 반나절 짜리 짧은 전주 여행을 마쳤다.

"나는 굉장히 밝고 명랑하고 긍정적인 사람이었다.
그런데 우울증? 상상조차 하지 않았다."

2부
다나의 이야기

다들 이 정도는 느끼고 살지 않나?

 처음 우울증 진단을 받은 것은 2022년 11월이었다. 그전까지는 우울증이 아니었을까? 생각해 보면 증상은 계속 있었다. 중, 고등학교 때는 혼자 있을 때 누군가 저 멀리서 나에게 다가오며 매우 화내는 듯한 상상이 들었다. 실제로 그 존재가 눈앞에 나타나는 느낌을 받기도 했다. 그때 당시에 나는 내가 귀신을 본다고 생각했다. 또 어렸을 때부터 종종 깊은 슬럼프에 빠졌다. 굴에 들어가서 나오지 않고 콕 박혀 아무도 만나지 않고 싶은 기분이 들었다. 그때가 되면 하루 종일 침대에 누워서 드라마만 봤다. 하루에 장편 드라마를 통으로 다 보기도 했으니 정말 이불 속에만 콕 박혀 있었다. 이런 증상들이 지속해서 꾸준히 있었음에도 그전에는 병원에 가보지 않았다. 그 이유는 '우울증'이라는 것에 대해 상상조차 하지 않았던 게 가장 컸다. 그때 당시에 나는 굉장히 밝고 명랑하고 긍정적인 사람이었다. 적어도 나 스스로는 나 자신을 그렇게 바라보고 있었다. 그런데 우울증? 상상조차 하지 않았다.

병원에 가야 하나 고민하기 시작한 것은 2019년이었다. 가만히 있다가 눈물을 흘렸다. 집에 혼자 있다가 울고 버스에서도 울고 길을 가다 울고. 처음엔 스트레스가 심해서 그런가? 라고 생각했지만 점점 기분이 걷잡을 수 없게 요동치는 것을 느끼고 병원에 가는 것을 고려해 보기 시작했다. 하지만 병원에 가는 것은 쉽지 않았다. 당시 주변에 우울증에 대해 이야기 나눌 지인이 없었고 인터넷에서 정보를 찾아봐야 했는데 상태가 좋지 않아 정보를 찾는 것이 쉽지 않았다. 겁도 났고 비용도 감당하기 어려울 것이라는 생각이 들었다. 이런저런 핑계를 대며 결국 병원에 가지 않았고 시간은 흘러갔다. 2022년 봄에 길을 가다가 갑자기 눈물이 왈칵 쏟아지며 숨을 쉬지 못했다. 지나가는 사람들과 자동차, 도시 소음이 너무 크게 들려 귀가 터질 것 같았다. 너무너무 무서웠다. 그때 바로 병원에 갔느냐? 그렇지 않다. 증상이 자주 있진 않았기 때문에 병원에 꼭 가야 한다고 생각하지 않았다.

그러던 어느 날, 출근하기 직전 갑자기 공황이 찾아왔다. 주변에 소음이 있는 것도 아니었고 사람이 있지도 않았다. 혼자 있는데 갑자기 증상이 나타났다. 너무 무섭고 출근해야 하는데 당황스러웠다. 이때서야 병원에 가는 것을 진짜 고려하기 시작했다. 태랑에게 증상을 이야기하고 상태를 털어놓았을 때 병원에 가보라는 추천을 해주었다. 그동안 미루고 미루던 병원에 그제야 가게 되었고 우울증, 공황 진단을 받게 되었다.

지금도 '내가 우울증이 맞나?'라고 종종 생각한다. 다들 이 정도는 느끼고 살지 않나? 그래도 병원에 가고 약을 먹는 것을 그만둘 생각은 없다. 우울증을 너무 무섭게, 어렵게 생각하지 않고 가볍게 생각하기로 했다. (때론 너무 무겁고 힘들어서 감당하기 어려울 때도 있지만…) 인터뷰하며 필요하면 상담도 할 수 있고 주변 사람들과도 이야기 나눌 수 있다는 것을 다시 한번 느꼈다. 또 너무 무겁고 매일매일 죽을 것 같고 힘든 것만이 우울증이 아니라 여러 가지 모습이 있을 수 있다는 것을 알았다. 내가 지금 겪고 있는 것도 하나의 모습이고 치료가 필요한 상태라는 것만은 확실하게 느낄 수 있었다. 이 책을 읽는 누군가도 너무 두려워하지 않았으면 좋겠다는 말을 전하고 싶다.

다들 이 정도는 느끼고 살지 않나?

소라는
교육 행정직 합격 후, 임용 포기각서를 냈다.

03 임소라의 이야기, 나를 죽이고 살리는 일

 태랑은 인터뷰를 통해 한층 가까워진 친구가 있다. 두 사람 사이에는 공무원 시험 준비와 우울증, 그리고 '창작'이라는 공통 관심사가 있었다. 첫 번째 인터뷰는 임소라가 듣는 사람이었다. 이번엔 태랑이 신희, 다나와 함께 임소라의 이야기를 듣기 위해 찾아갔다.

 임소라_ 제가 사범대 역사교육 전공이거든요. 대부분 선생님이 되거나, 공무원으로 빠지는 경우가 많아요. 저도 그냥 둘 중에 하나 당연히 하겠거니 하다가 임용시험이 엄두가 나질 않아서 교육 행정직을 준비해서 합격했어요. 부모님이 되게 좋아하셨죠.

저도 그때는 좋았던 것 같아요. 그리고 한 달 정도 수습 기간이 있었는데요, 그때 느낀 게 '이건 진짜 못 하겠다.'였어요. 어떻게 다른 사람들은 이런 일을 아무렇지 않게 하고 있지? 신기하기도 하고 답답하기도 하고. 발령이 나기 전이면 임용 포기를 할 수 있거든요. 교육청에 가서 일단 임용 포기 각서를 내고 아무한테도 얘기하지 못 했어요. 부모님이 너무 기대가 크셨으니까 얘기를 못 하고.

태랑_ 그러고 나서 어떻게 지냈어요?

임소라_ 그때는 외국에 공부하러 나가고 싶었던 시기여서, 알아보면서 뭐가 됐든 결정하고 나서 부모님께 얘기해야겠다는 생각이었어요. 그렇게 6개월이 지나갔어요. 결국 엄마랑 아빠가 하도 발령이 안 나니까 이상했는지 교육청에 전화했다가 알게 된 거예요. 제가 말씀드린 게 아니라. 결정적인 순간이잖아요. 그때 제가 친구랑 가평에 있었어요. 집에서 전화가 와서 미쳤냐고 이러고… 지금 생각해 보면 혼나더라도 나 못 하겠다고, 이렇게 말할 수 있는 건데. 사람이 너무 활동을 안 하고 맨날 책상에만 붙어 있으면 시야가 좁아져요. 그래서 완전히 끝나버릴 수 있다고 생각해서 아무 말을 못했던 것 같아요.

태랑_ 그때쯤 인터뷰를 시작한 거죠?

임소라_ 질문만 적힌 책이 있거든요. 질문을 보고, 답을 쓰는 책이에요. 그거를 사서 보다 보니까 제가 대답할 수 있는 질문도 있고 대답하지 못하는 질문도 있어서 내가 대답하지 못한 질문 중에 몇 개만 골라서 사람들한테 물어봤어요. 처음에는 제 주변에 있는 사람들, 지인의 지인, 혹은 제가 여행 갔을 때 만난 분들한테 물어봐서 인터뷰하고 블로그에 올렸어요.

태랑_ 저는 그때 인터뷰를 하게 됐고, 그런 생각했어요. 저렇게 사람 말을 듣는 거구나. 저는 그때 집에 공무원 준비한다고 얘기했었거든요. 물론 공부는 하나도 안 했지. 집에서는 제가 나가서 공무원 준비하는 줄 알고 있었어요. 근데 나는 공부방 하면서 학생들 가르치고, 그림 그리고. 이렇게 인터뷰도 하러 나가고 그렇게 지낸 거죠. 내가 만약 공무원이 됐어도 나는 내가 하루도 일하지 못했을 거라는 걸 지금도 알지만, 그때도 사실 알았어. 그런데 임소라는 그걸 안 하겠다고 한 거야. 이런 얘기 나누면서 엄청 친해졌죠? (웃음)

임소라_ 맞아요.

태랑_ 서로 우울증이 있다는 건 말하지는 않았지만 어렴풋하게 알고 있었던 거 같아.

다나_ 우울증이 있다는 건 언제 아셨어요?

임소라_ 그러니까 제가 첫 번째 일을 그만두고, 반년 후 일이에요. 어떻게든 취직하려고 했어요. 운이 좋게 출판사에 들어가게 됐고, 회사 근처에 있는 고시텔을 잡았죠. 대부분의 일이 그렇겠지만 제가 제어할 수 없는 상황이 많이 있었고 하고 싶지 않은 술자리가 많은 게 제일 힘들었어요. 같이 일하던 분들은 술을 좋아하고 술자리에서 계약이 성사되는 일이 있기도 해서 술자리가 업무의 중심인 것처럼 느껴지기도 했고요. 그때쯤 심했던 증상 중 하나가 잠을 못 자는 거였어요. 도저히 잠을 잘 수가 없었고, 밤에 잠을 못 자니까 낮에 계속 멍한 상태로 있었어요. 어느 날 출판사에서 회의할 때 앉아서 얘기를 듣는데 한쪽 벽이 무너져 내리는 거예요. 그게 나를 덮칠 것 같은 느낌이 갑자기 들면서 가슴이 엄청⋯ 나는 보이는데, 다른 사람들은 너무 멀쩡하게 얘기하고 있으니까 말을 못 하겠고 숨도 잘 안 쉬어지는 거예요.

다나_ 그래서 어떻게 하셨어요?

임소라_ 회의니까 저한테도 의견을 물을 거 아니에요. 별것도 아니고 "소라 씨는 어떻게 생각해요?" 정도였는데 갑자기 제가 운 거예요. 그때 당시 남자친구 아니면 회사 선배가 힘들면 병원에 한번 가보는 게 어떻겠냐 권해서 정신과에 갔죠. "어떻게 오셨어요?" 그때도 울어버리고. 선생님한테 저 같은 정도로도 우울증이냐고 물었더니 우울증이 맞고 필요할 때 잘 왔대요. 그 뒤로 병원에 한 반년 넘게 다녔거든요. 근데 결국 퇴사할 때까지도 잠은 잘 못 잤어요. 또 병원에 갈 때마다 울면서 얘기하니까 그 시간이 너무 힘든 거예요. 병원에 가 있는 시간이. 그냥 흑흑 울다가 끝나는 게 아니라 진짜 진이 다 빠지잖아요. 그리고 나에 대해 잘 알지도 못하는 사람한테 내 얘기를 막 그렇게 떠들고 있는 것도 기분이 나빠지는 거고. 제가 물어봤어요. 남들도 이러는지. 그랬더니 선생님이 사람마다 핵심 감정이라는 게 있는데 소라 님은 그게 슬픔이라고. 그게 기질이니까 받아들이는 것도 어느 정도 도움이 될 수 있다고. 저는 사는 건 원래 당연히 슬픈 일이라고 생각했는데 그날 그 얘기를 듣고 아닌 사람도 있구나 처음 알아서 신기했어요. 슬프지 않은 사람도 있구나, 사는 게. 그러고 나서 퇴사했는데 그 회사를 나오면서 조금 괜찮아졌어요. 제가 하고 싶은 활동을 마음대로 했던 시기가. 그런데 사실 머릿속으로 생각하는 거랑 실제로 그 일을 하는 건 되게 다른 일이잖아요. 현실적인 문제들도 있고. 그런 시기에 오래 사귀었던 남자친구와도 헤어졌어요. 그때도 병원에 다니게 됐어요. 이전보다 조금 더 짧게 다녔던 것 같아요. 3개월 정도만 다니고, 약도 제 마음대로 안 먹고. 그러다가 그전까지는 제가 작은 규모의 작업을 하다가 제 기준에서는 큰 규모의 작업을 하게 됐거든요. 전보다는 작업에 있어 제가 대할 수 있는 것들이 어떤 건지 알게 되면서 무력감이 나아졌어요.

신희_ 다른 일을 하면서 많이 좋아지신 거네요.

임소라_ 저는 제가 할 수 있는 거랑 못하는 걸 알게 될 때 괜찮아지는 것 같거든요. 돈 버는 일이든 아니든. 내가 끌고 갈 수 있는 걸 해야 우울감이 덜한 것 같아요. 그러다가 전보다 크게 무너지게 된 일도 있었어요. 제가 계획에 없던 결혼을 하게 됐거든요. 결혼과 동시에 코로나가 터진 거예요. 코로나로 난리가 났을 때, 한 10평 남짓한 공간에서 처음으로 타인과 함께하는 생활을 하게 된 거예요. 한 10년 정도는 혼자 살았거든요. 파트너도 우울증이 심해서 병원에 다니기 시작했어요. 저도 그때 다니기 시작했고.

신희_ 각자 다른 병원에 다니신 건가요?

임소라_ 다른 병원에 다니다가, 제가 다니던 병원이 괜찮아서 병원에 있는 다른 선생님께 받아 보라고 권했어요. 다시 항우울제랑 수면유도제를 받았어요. 선생님이 지난번에 받은 약 먹고 어떠셨냐고 물어볼 때마다 별로 달라진 걸 모르겠다고 말하면 갈 때마다 용량을 계속 늘리는 거예요. 그때는 그게 되게 불안했어요. 이렇게 말만 하면 쭉쭉 늘린다고? 그래서 제가 선생님께 "저 사실 이렇게 약 용량 늘리게 되면, 이걸 먹고 나아진다고 하더라도 나중에 약에 의존하게 될지 그것도 걱정된다."고 했더니 괜찮다고 안심시키기는 했거든요. 의존성이 높은 약이 아니어서 괜찮다고. 그러다 이 병원도 열 달 정도밖에 못 다녔어요. 약간 괜찮아지니까 해방감이 들면서 제가 다 나은 줄 알고 제 마음대로 안 갔거든요. 그리고 그때 또 갑자기 재취업을 하게 되면서 되게 정신없었고요. 그 회사에서도 반년 정도 하고 나왔어요. 그러다 다시 집에 혼자 있게 됐을 때 증상이 온 거예요. 이전에는 잠을 잘 못 자고, 가슴이 뛰고 숨을 잘 못 쉬는 증상이 심했다면 이번에는 정말 진짜 신기하게도, 아무것도 안 하는 거예요. 일단 일어나질 않고, 누가 나오라고 하는 사람도 없고 나가야 할 데도 없고. 나가봤자 산책밖에 없긴 했지만. 일단 일어나질 않고 씻지 않고. 그러니까 계속 누워 있으면 배고픔도 잘 모르고. 집에서 계속 천장을 이렇게 보고. 그렇게만 지내는 거예요. 그리고 별로

슬프지도 않아. 그냥 뭔가 감정이 잘 안 느껴져. 되게 무딘 거예요. 그때 병원에 갔어야 하는데, 병원을 다시 찾는 게 뭔가 미안한 일처럼 느껴지기도 하고 민망하기도 하고…

 신희_ 나아진 모습을 보여드리지 못하니까 더 그랬을 것 같아요.

 임소라_ 맞아요. 무책임하게 말도 안 하고 그냥 제가 안 가버렸으니까. 그렇게 지내면서 한편으로는 이렇게 살면 안 되는데, 이렇게 살면 안 되는데… 그런 생각이 들잖아요. 조금이라도 좋아했던 거를 해보자고 생각했어요. 누워서 있는데, 제가 친분은 없는데 멋있는 사람이라고 생각했던 창작자가 마라톤에 나간다고, 동네에서 달리기 연습할 건데 같이하실 분 있으면 연락 달라고 인스타그램 스토리에 올린 거예요. 그분이랑 일대일로는 얘기해 본 적도 없는데 제가 해보겠다고 한 거죠. 한 시간 동안 운동장을 돌았는데 그게 되게 시원했어요. 느리게 뛰는데. 달리기 연습하는 분들 도는 거 보고만 있어도 속이 시원해지고. 천천히 몇 바퀴 돌고 나면 뭐라도 한 것 같고요. 마라톤 연습하는 분들이랑 같이 뛰니까 '저 사람은 저렇게 잘 뛰는데 내가 방해되면 어떡하지?' 하는 마음만큼, 한편으로는 '이게 되네?' 싶어서 그때부터는 혼자서도 가끔 뛰고. 달리기 말고도 뭔가 해보고 싶었는데 못한 거 있을까 생각하다보니 제가 수영을 배우고 싶었는데 수영복 입기가 싫어서 계속 안 갔거든요. 근데 막상 가보니까 다들 정신 없어서 남한테 별로 신경을 안 써요. 수영도 그때부터 배우기 시작해서 지금 계속하고 있어요. 요즘엔 정말 수영장 가려고 일어나요. 오늘은 접영 발차기 배우니까 일어나야지, 내일 팔 돌리기 해야 하니까 오늘 밥을 열심히 먹어야지 이렇게.

신희_ 그밖에 소라 님을 살게 한 것이 있을까요?

임소라_ 작업이었어요. 작업은 저한테 즐거운 일이어서, 그냥 내가 하고 싶으면 할 수 있는 거였어요. 내가 작업을 하고 있다는 게, 나를 더 열심히 하도록 만드는 거예요. 그런데 올해 작업을 시작해야 하는 시기가 됐는데 마음으로는 해야 하는데, 해야 하는데 생각만 하고 계속 못하고 있었어요. 그러다 최근에야 시작했어요. 시작을 한 것도 아니고 그냥 계획을 세운 정도지만. 그전엔 그 단계도 불가능했기에 그냥 그것만 해놓고도 '야, 여기까지 온 것도 대단하다.' 생각했어요.

태랑_ 임소라가 매년 참가하는 행사가 있어요. 독립출판계의

MAMA[5]! (웃음) 제일 큰 행사. 매해 거기 나가는 걸 목표로 작업하는 작가들이 꽤 많아요.

임소라_ 맞아, 아주 중요한 얘기예요. 지금 하는 작업을 시작할 때부터 목표가 '올해 행사 나가기'였거든요. 행사를 목표에 두고 일 년을 사는 거죠. 연말에 그 행사를 하니까. 퇴사하고, 애인과 헤어지고 그런 일이 있어도 행사에 나가려고 몇 년 열심히 살았어요. 그런데 작년에는 신청조차 못 했어요. 사실 신청 해버리고 흐지부지 만들어서 나갈 수도 있고, "이번에 못 만들었습니다. 못 나가겠습니다." 할 수도 있는 건데 그냥 신청을 못 하겠더라고요. 도저히. 신청도 못 했다는 사실이 슬펐어요. 내가 진짜 자신이 없나 보다. 작업이 즐겁지 않고 할 말이 없나 보다. 어쩌면 처음부터 시작하지 말았어야 하는 거 아닐까 그런 생각. 그럼 슬프게 지내면서 남들이 올리는 소식을 보는 거죠. 그걸 보면서 응원하는데 맥 빠진 응원을 하게 되는 거죠. 그런 와중에 꾸역꾸역 그 행사에 갔어요. 갔을 때가 수영 다시 시작했을 때쯤이에요. 확인하고 싶었거든요. 확인하고 싶은 거야. 내가 정말 창작을 '남 일'처럼 바라볼 수 있는 사람이 된 걸까, 그런 걸 확인하고 싶어서. 막상 가서 보니까 막 너무 부럽고, 너무 거기에 서있고 싶은 거야. 관객들 쪽이 아니라,

---
5. 언리미티드 에디션

작업자 쪽에 서있고 싶은 마음. 그 마음이 너무 다행스러운 거예요. 나 아직 이거 하고 싶구나. 뭐라도 하고 싶은 게 있어서 그게 기뻤어요. 그래서 내년에는 진짜 신청해야지, 신청할 때쯤에 뭘 만들어야겠다는 답이 안 나와도 일단 신청해야지 생각했죠. 신청하면 나를 이끌고 갈 수 있을 테니까.

  태랑_ 봄에서 여름 사이에 신청이죠? 행사는 가을에 하고. 더운 여름에 작업하고, 초가을엔 감리 보고. 학기제 같네요. 작업 루틴이 잘 잡혀있지 않으면 시험처럼 초조할 것 같아요.

  임소라_ 그런 것 같아요. 가을이 제일 초조한 시기에요.

  대화 도중 카페에서 별안간 큰 소음이 들려왔고 임소라는 물론 무드트래커 팀 전원이 크게 놀라는 일이 벌어졌다. 네 사람은 조용한 곳으로 자리를 옮겨 나를 불안하게 만드는 것들에 관한 이야기를 이어갔다.

  신희_ 아까 카페에서는 너무 불안했어요. 내가 무엇 때문에 불안한건지 생각해봤는데 옆 테이블에서 들리는 욕도 그렇고, 전반적으로 시끄러워서 만약 제가 이 자리에서 소라 님처럼 이야기하는 사람이었다면 불편했을 거라는 생각이 계속 드는 거예요.

태랑_ 저도 큰 소리가 나면 어쩔지 걱정이 됐어요. 아까 같은 상황에서는 각오가 필요해요. 손님이 없으니까 원두를 많이 갈진 않겠구나 생각하면서 한번 안심하고, 또 제빙기 소리에 내가 공황발작이 올 수도 있지만 내 친구들이랑 같이 있으니 편하겠지! 이런 생각 등 온갖 시나리오가 계속 펼쳐지니까 내가 미리 겁먹는다고 해야 하나. 저는 제가 미리 겁을 먹어서 갑자기 호흡이 힘들 때가 있거든요. 그래서 맥박을 자주 짚어요. 내가 지금 맥이 빨리 뛰고 있다 그러면 진정하라고 하거나, 제가 늘 쓰는 향수를 손수건에 뿌려서 냄새를 맡는다거나. 저는 식물도 무서워하거든요. 지금은 많이 나아졌지만 20대 때는 꽃집 앞도 못 지나가고 그랬었어요. 그래서 저는 제가 유별나다고 생각했다가 결국에는 이게 경미한 불안 증세 때문에 그런 거였구나, 이렇게 진단을 받고 이해하게 됐어요.

신희_ 예민함이라는 게 계속 쌓이더라고요. 노화가 진행되면서 낼 수 있는 에너지는 점점 더 줄어들고요. 이게 굉장히 불안한 지점이에요.

임소라_ 내가 날 너무 오래 데리고 살아야 돼. 그게 너무 힘들죠. 그래도 예전에는 저 자신을 빨리 고치고 싶어서 더 스트레스를 많이 받았던 것 같은데 이제는 사람이 괜찮을 때도 있다가 아닐 때도 있다가, 왔다 갔다 하는 거라고 생각해요. 잘 안 되긴 하지만 내 상태를 관찰자 느낌으로 봐가면서 지내야 되겠구나 하는 생각으로.

 서로를 불안하게 만드는 것들에 대해 고백하고 나누며 이날의 인터뷰는 끝이 났다. 태랑은 불안에 대해 고백하며 좋아하는 것을 좋아하는 에너지보다 무언가를 두려워하고 무서워하는 부정적인 에너지가 많아질까 갈수록 두려워지는 요즘, "매일 오늘의 약속 때문에 계속 살아가는" 것 같다고 말했다. 임소라와 태랑은 "다시 만나 이야기를 나누자"는 약속을 남기고 헤어졌다.

시리는
우울한 감정을 깨닫고 인정하는데 오래 걸렸다.

04 시리의 이야기, 애쓰지 않을 자유만 있다면

시리는 10년 차 광고회사 직원이다. 2021년 지금의 남편이자 당시 애인의 권유로 병원을 찾아 우울증 진단을 받았다. 그전까지는 회사에 다니면 이 정도 스트레스는 다 겪는 거라고 생각하며 자신을 감정 기복이 심한 사람이라고만 생각했었다.

시리_ 지금은 휴직 중이거든요. 그런데 휴직하니까 많이 좋아진 거예요. 약 용량도 낮추게 됐고요. 그래서 저는 우울증이 일을 그만두거나 쉬면 많이 좋아질 수 있는 병이라는 관점으로도 할 얘기가 있을 것 같네요.

다나_ 휴직 이후에 어떤 변화가 있으셨는지 궁금하네요.

시리_ 광고회사에서는 하루 동안 만나는 사람도 많고, 전화나 이메일 같은 커뮤니케이션도 너무 많아요. 심한 날에는 전화만 몇십 통을 했는데 휴직하고 딱 단절되는 순간 해방감이라고 해야 할까? 그런 걸 많이 느꼈어요. 전화를 주고받으면서 말을 전하고 소통하면 와전되는 내용이 많잖아요. 와전되지 않도록 명확히 해야 하는 데서 오는 스트레스가 많았는데 그게 없어지고, 하루 동안의 발화량이 줄어드니까 마음이 편안해지더라고요. 어떤 사람은 우울증이 있을 때 혼자 있기보다는 밖에 나가서 많은 사람이랑 소통하는 게 도움이 된다고 하는데 저는 반대였어요. 오히려 회사에서는 너무 많은 이야기를 하고, 정보가 머릿속에 돌아다니고 그러는데 그게 멈춰지니까 마음이 편안해지고 고요해지는 느낌을 받아서 많이 좋아진 것 같아요.

다나_ 정말 다행이네요. 그런데 저는 '우울증이 낫는다는 게 과연 가능할까?' 이런 고민도 있어요. 나아질 수는 있지만 아예 치료를 종료하고 "난 우울증 끝! 이제 해방이야!" 이런 상태까지 가능한 걸까 의문이거든요.

시리_ 저는 사실 거의 다 나았다고 생각해서 약을 끊었다가 재발한 케이스거든요. 그래서 저도 고민이 많았어요. 약을 한 1년 반 정도 먹고 괜찮아진 것 같았고, 선생님도 약을 줄여도 된다고 하니까 제 마음대로 병원에 안 간 적이 있었어요. 제가 감정 기복이 크고 무기력했는데 증상도 많이 완화된 것 같았고요. 그래서 약을 먹지 않았더니 어느 날 제가 스트레스를 많이 받는 상황, 그러니까 다른 사람이랑 커뮤니케이션이 많고 말들이 많이 들어오는 날에 증상이 확 나타나더라고요. 지금도 사실은 조금은 두려워요. 많이 나아졌다고 하지만 회사에 가면 또 굴레가 시작될 텐데, 지금은 나았다 할 수 있지만 그 상황이 되어봐야 알 수 있지 않을까.

태랑_ 어느 순간 저는 우울증이 알러지 같은 거라고 생각하기로 했어요. 내가 어떤 상황이 오면 스트레스를 받는 거라고. 내가 약해서 스트레스가 올라오는 게 아니라, 그냥 항원에 항체 반응이 일어나는 거라고요. 이를테면 항원이 지하철에 사람이 많은 상황일 수도 있고, 큰 소리일 수도 있고. 알러지 반응이 한번 일어나면 그게 아예 없어지는 건 불가능하다는 생각이 들었어요. 저는 새우 알러지가 있는데, 익힌 새우를 모르고 먹으면 괜찮았다가 어느 날 새우가 있었다는 걸 알고 먹으면 알러지 반응이 있거든요. 우울도 무조건 특정 상황 속에서 바로 나타나는 건 아니고 일어날 수도 있는 반응 같아요. 그래서 피할 수 있으면 상황을 피하고, 세상 살면서 꼭 거쳐야 한다면 어떻게 그 증상을 완화할 수 있을까 고민하면 되는데 그게 약일 수도 있고 상담일 수도 있고요. 저도 지금은 약을 먹지 않고, 비상약만 있는데 내가 다 나았다는 생각은 해본 적 없거든요. 저는 제가 환자라고 생각하고, 나를 보살필 필요가 있다고 생각하고 있어요. 시리 님은 회사 안에서 내 증상을 촉발한 요인에 대해서는 확실히 아는 거잖아요. '소통이 많을 때'라고 문장화가 된 거잖아요. 그러니 내가 조율하거나 피할 수 있는 가능성이 시작된 거라서 일단은 좋은 거라고 생각하거든요. 그것조차 안 되는 사람이 많아서요. 저는 참담한 기분이 드는데 내가 왜 그러는지 이유를 모를 때 되게 답답하더라고요. 아무런 이유가 없는데 아침부터 우울하면 그게 제일 힘들어요.

시리_ 저한테 스트레스를 주는 요인은 확실한데 근데 그게 다가 아니기도 해요. 그 상황은 시발점, 그러니까 나한테 왜 이렇게 말도 안 되는 일을 시키는 걸까 생각하며 너무 많은 대화가 오가는데 그 상황 속에서 정리해야 하는 스트레스로 불이 붙는 거죠. 근데 회사에서는 어떻게든 일을 해야 하잖아요. 일을 처리하고 집에 오면 설거지를 할 수가 없고…

그냥 집안일을 다 놓아 버렸어요. 그때 남자친구가 저한테 우울증 아니냐고 얘기했던 거거든요. 저는 인식하지 못했어요. 우울증이라고 생각하지 않은 이유 중 하나가 솔직히 우울하진 않았거든요. 우울한 게 아니고 그냥 나는 조금 게을러진 것뿐이고, 회사에서 스트레스 많이 받아서 지금 그냥 에너지가 없는 것뿐인데 왜 나한테 우울증이라고 하냐 그런 얘기를 하면서 싸웠거든요. 저는 그냥 에너지를 회사에서 많이 썼기 때문에 집에서는 없는 상태야. 그냥 내가 무기력한 거야, 라고 생각했어요. 우울한 감정을 깨닫고 인정하는데 오래 걸린 것 같아요.

다나_ 우울증 증상이 다양한 것 같아요. 어떤 사람은 무기력할 수도 있고 어떤 사람은 감정 기복이 커지거나, 그게 신체화돼서 공황이 오거나. 다양할 수 있는데 이런 사례를 가까이에서 접하기 어려우니까 내 증상도 알아차리기 어려운 것 같아요. 처음에 저도 병원에 가지 않았던 이유가 내가 이 정도 증상으로 병원에 가는 게 맞나, 다들 이 정도는 하고 살지 않나 이런 생각 때문이었거든요. 내가 우울증이라는 걸 받아들이고 병원에 가거나 치료를 위해서 어떤 노력하는 것 자체가 좀 어려운 것 같아요. 저는 상담을 받으러 갔을 때 우울증의 근원을 알고 싶다고 썼거든요. 그게 진짜 어려운 것 같아요. 내 우울감은 어디서 왔을까. 언제 시작됐을까. 그게 너무 궁금하고, 근원을 없애야 나아지는 방향으로 갈 것 같은데 모르니까 없앨 수도 없는 상황이지 않나 이런 생각이 드는 거죠.

시리_ 그런데 저도 상담할 때 이 얘기를 똑같이 한 적 있어요. 선생님 말씀이 그게 우울증 환자들 특징이래요. 자기감정의 근원을 찾는 거. 그런데 그게 우울증이 낫는 데에는 전혀 도움이 안 된다고 말하더라고요. 그냥 상태를 인정하고, "나는 우울해. 그래서 다른 감정으로 가야지."라고 하는 게 긍정적인 방향이라고요. 근원을 계속 파고들면 증상이 악화될 수 있다고, 저한테는 우울의 근원을 궁금해하는 것에서 오히려 벗어나는 연습을 해보라고 하더라고요. 그래서 그때 좀 놀랐던 기억이 있어요.

태랑_ 그건 몰랐네요.

신희_ 저도 제가 무엇 때문에 우울할까 고민해봤는데요, 생각해 보면 우울이나 행복도 감정 중 하나잖아요? 행복이 한 시간 정도 지나면 사라지는 것처럼 우울한 것도 똑같지 않을까? 한 시간 정도 지나면 없어지는 거 아닌가? 그렇게 생각하니까 한결 편하더라고요.

다나_ 방금 그 말은 신기한 말이었어요. 감정의 근원을 찾는 게 의미가 없을 수도 있겠군요.

시리_ 의미가 없다기보다 증상 완화에 도움이 안 될 수 있다는 식으로 말씀하더라고요.

신희_ 인터뷰하면서 느낀 게, 회사 이야기가 자주 나오는 것 같아요.

시리_ 그럴 수밖에 없을 거 같아요. 저는 사회초년생 때는 오히려 전혀 우울감이 없었거든요. 내가 열심히 일하면 그만큼 보상이 주어진다는, 그런 희망이 있잖아요. 지금 일한 지 10년쯤 됐는데 이제는 열심히 해도 내가 회사 안에서는 바꿀 수 있는 게 없고, 그런데 나한테 주어지는 과업은 점점 무거워지고. 회사 일을 벗어나려고 해도 '그럼 뭘 해서 먹고살지?' 이런 굴레에 빠지면서 더 스트레스를 많이 받았던 것 같아요. 어렸을 때는 오히려 나아질 수 있지 않을까 희망이 있어서 저는 20대 때는 무기력함도 없었고, 취미 부자여서 이것저것 해보고 나가서 노는 것도 좋아했거든요. 하루 중 삼 분의 일을 회사에 있는데 회사에서의 시간이 바뀌질 않으니까 계속 답답한 기분이 누적되는 것 같기도 했어요. 휴직하고 나서 기분이 많이 나아진 이유도 일한 지 10년 만에 제 마음대로 할 수 있는 시간이 생긴 거잖아요. 제 마음대로 할 수 있다는 것 때문에라도 기분이 조금 더 나아지고 그런 면이 있는 것 같아요.

다나_ 조금 전에 우울한 감정은 없었는데 게을러졌다고 말씀을 하셨잖아요. 저도 엄청 게으르거든요. 그래서 혼자 자책하고. 게으름은 계속되고. 이게 완전 굴레인 거예요. 무한 반복. 어떻게 그 굴레를 끊어내야 하나 고민이 돼요. 몸을 일단 일으키라고 하는데 진짜 어렵잖아요. 그게 쉬우면 내가 게으르다고 생각하겠어요? 혹시 게으름의 무한 굴레에 빠졌을 때 극복을 위해 시도한 방법이 있으실까요?

시리_ 사실 극복은 못했고요. 아직도 좀 힘든 날이 있으니까. 많이 도움이 됐던 거는 아침에 방에서 벌떡 일어나서 운동은 못해도, 거실에 앉아서 햇볕을 쬐기. 병원에서 선생님이 그것만 해도 뇌세포가 활성화되고 좋은 감정 호르몬이 나와서 하루를 움직이는 데 도움이 될 수 있다고 해서 몇 번 해봤더니 좀 괜찮은 것 같았어요. 그거랑 아침에 그냥 자리에서 일어나서 제자리에서 좀 걷기만 해도 몸이 깨어나는 기분을 느낄 수 있다고 해요. 다시 자더라도. 그런 걸 했을 때 많이 도움이 됐던 것 같아요. 근데 꾸준히 하지는 못했어요. 다나 님 말처럼 꾸준히 못하는 제 자신을 또 자책하기도 했고요. 그리고 저는 그런 생각도 많이 했는데 다른 분들께도 묻고 싶어요. 내 게으름이 병의 증상일 수 있지만 어쩌면 내 성격일 수도 있잖아요. "혹시 게으른 게 내 성격인데 증상 뒤에 숨어서 내가 더 게을러지는 건 아닐까?" 이런 질문을 스스로 많이 했거든요.

태랑_ 핑계 대는 것 같다는 생각을 자주 하죠.

다나_ 저도 그런 생각 자주 해요.

시리_ 그럼 증상인지 성격인지 어떻게 구분해요?

태랑_ 저는 게으른 증상은 없어요. 대신 폭식을 엄청 했었거든요. 그때 내가 정신력이 부족해서 그런가? 그냥 나는 치킨을 먹고 싶은 거고, 떡볶이가 당기는 거 아닐까? 어릴 때부터 계속 몸집이 컸으니까. 그런 생각할 때가 있죠. 아직 해결 못했어요. 근데 확실히 내 몸이 수치상으로도 건강해졌을 때 정신적으로도 확실히 좋아지는 효과가 있었는데, 제가 체중이 불었다 줄었다 다시 불었다 줄었다 반복이니까, 저도 이 굴레에서 벗어나고 싶은 마음이 있죠. 저도 매일 운동하기 싫지만 아침에 일어나서 잠깐이라도 나갔다 오려고 해요. 그러면 조금 환기가 되는데, 사실 아침에 잠깐 나갔다 오는 것만으로는 살이 빠지진 않으니까 고민을 하죠. 지금도 스스로 핑계라는 생각을 많이 해요. 괴롭고.

다나_ 저도 폭식을 했었어요. 우울증 심할 때는 운동도 못 가겠더라고요. 가는 것도 힘들고, 가서 공황 올까 걱정되고. 그래서 살이 엄청 쪘어요. 우울증 걸리면 살이 확 빠지는 사람이 있고 찌는 사람이 있다는데, 저는 엄청 먹고 안 움직이니까 엄청 찌더라고요. 그래서 일 년 새에 10kg 넘게 쪄서 지금은 새롭게 운동하고 있어요.

신희_ 저는 증상이 심해지면 음식을 잘 안 먹어요.

시리_ 근데 우울할 때 안 먹는 경우가 훨씬 많다고 하더라고요. 병원에서 물어봤는데, 안 먹는 우울증이 8이면, 폭식하는 우울증은 2 정도라고. 저도 폭식 쪽이었어요.

태랑_ 우리 모두 2 안에 들어갔네요. (웃음)

시리_ 그러게요. (웃음) 저는 폭식 때문에 상담받았을 때 이런 말을 들었어요. 곰이 혹한기에 동면하기 직전에 많이 먹잖아요.

그것처럼 우리도 인간이니까, 극한의 스트레스 상황에서 많이 먹어서 비축하려는 본능이 남아있는 거라고 하더라고요. 그런 성향일 수도 있다고요.

 다나_ 저도 근데 공황이 심했을 때는 오히려 못 먹었어요. 못 먹어서, 한 6kg 정도 빠졌다가 그다음에 확 찐 거거든요. 저는 제 상태가 힘들 땐 제가 게으른 게 다 '핑계'라고 생각을 많이 하는데 증상이 나아지면 몸이 가벼운 걸 느끼잖아요. 그러면 그제야 '증상이 있어서 힘들었던 거구나.'라고 알게 되는 것 같아요. 그래서 상태가 안 좋을 때는 핑계라고 생각하고, 오히려 증상이 나아졌을 때는 증상이었다고 생각하는 것 같아요. 최근에 제가 상담하면서 저는 진짜 끈기가 부족하고 꾸준히 못하는 성격이다, 평생을 그렇게 생각하고 살아왔다고 얘기했거든요. 근데 상담 선생님이 그렇게 말씀하시더라고요. '꾸준히'란 상승 곡선과 하향 곡선이 계속 같이 가는 거라고. 상승 곡선만 있는 건 강박에 가깝다고. 그래서 매일매일 일어나서 움직이는 건 강박이라고요. 어느 날 갑자기 못 움직여도 그것 또한 곡선 중 한 패턴이라고 말하는 거예요. 그래서 '꾸준히'라는 개념을 내가 다시 정립해야 되겠다고 생각했거든요. 도움이 되더라고요. 그렇게 생각하니까 사실은 내가 운동을 꾸준히 해왔다고 생각하게 됐어요. 운동을 안

한다고 생각했는데. 아침에 바로 일어나는 것과 못 일어나는 것도 그런 꾸준함 속 하나의 패턴이 아닐까 이런 생각이 들어요.

태랑_ 저는 땀 흘리면서 운동하는 게 잘 안 되고 폭식도 하지만, 그러면 내가 힘들이지 않고 할 수 있는 게 뭐가 있는지 찾아보기로 했어요. 아침에 일어나서 바로 샤워하는 건 힘들지 않거든요. 그러면 이제 이건 내가 잘한 일이니까 머릿속으로 '잘했다' 하면서 스탬프를 찍는 거죠. 하다못해 아침에 일어나서 커피를 마신다고 해도 '잘했다'고 세뇌한다고 해야 하나. 그렇게 하지 않으면 일하기가 힘들고, 얘기하기가 힘들고. 저는 또 일터에서 학생들을 만나는데, 학생들 만나는 게 너무 어려운 시기가 있었죠. 그때 제가 목표로 삼았던 건, 으쌰으쌰 힘내며 살고 싶지 않다는 거. 내가 수업 들어가기 전에 너무 힘들면 마음을 새로 고치고 들어가야 하잖아요. 근데 내가 계속 긴장하고 살아가는 게 에너지가 엄청 든다고 해야 하나. 생각을 지우거나 전환하는 데 에너지가 너무 많이 드니까 힘들다는 거죠. 그거 자체가 도전인 거죠. 매일 매일 도전이었는데 지겨운 거예요. 왜 애써야 하나 싶고.

시리_ 엄청 공감이 가요. 제가 휴직을 한 결정적 이유도 좀 애쓰지 않고 살아보고 싶어서예요. 어떤 기간만이라도.

일을 하면 어쨌든 기본적으로 일을 할 수 있는 수준까지는 끌어올려야 하잖아요. 매일 내 기분을. 약을 먹던가, 아니면 맛있는 걸 먹어서라도. 저도 폭식이 있었거든요. 나중에 생각해보니까 폭식을 한 이유가 이 기분을 끌어 올리고 싶은데 제일 빨리 올릴 수 있는 게 매운 거, 자극적인 거. 그걸 먹을 때만 제 기분이 확 올라오는 거예요. 그래서 중독이 됐던 것 같고. 지금은 마이너스인 채로 살아도 내 남편 말고는 아무도 모르잖아요. 이런 상태로 좀 지내보고 싶었어요. 일을 안 한다면 처박혀서 내려가도 괜찮지 않을까. 억지로 기분 좋은 상태를 만들지 않으면 오히려 도움이 되지 않을까 했는데 큰 도움이 되더라고요. 사람도 만나고 싶은 사람만 만나고.

태랑_ 그게 진짜 좋아요. 만나고 싶은 사람만 만나는 게.

신희_ 말씀하신 것처럼 일을 하려면 자기 컨디션을 끌어올려야 하잖아요. 저는 그게 큰 부담이었거든요.

태랑_ 근데 한편으로는 그런 생각도 있어요. 무너지고 싶다는 생각. 처절하게, 고통을 느끼고 싶다는. 감정적인 자학 같아요.

시리_ 남편이 저한테 가끔 그런 말 하거든요. 너는 가끔 우울해지고 싶어 하는 거 같다고. 그래서 공감이 가요.

 태랑_ 처절하게 무너지고 싶다는 건 아니에요. 누가 내가 아프길 바라겠어요. 근데 그게 꼭 '필요한' 것 같다는 착각을 한다는 거죠. 잘못된 생각이라는 건 나도 아는데, 그게 한 번은 표출이 되어야 하는 건가 싶어서. 그래서 저는 좀 간접 경험 같은 걸로 푸는 것 같아요. 영화라든지, 스토리가 있는 책을 읽는다든지. 한편으로는 제가 강박적으로 읽을거리를 찾는 것 같기도 해서 아직 해결이 안 된 과제인데요. 예를 들어 제가 공황이 와서 숨이 안 쉬어질 때 호흡하는 법을 잊어버린 건데 '사실 내가 호흡을 하고 싶지 않은 건가? 숨을 쉬고 싶지 않아서 그러는 건가?' 이런 질문이 형성된 적이 있거든요. 그런 말을 듣는다고 하면 억울하기도 하면서 찔리기도 하고. 한편으로 그런가 싶고. 겁을 먹은 내 모습을 내가 좋아하나, 중독이 된 건가. 그런 생각을 하면서 내가 혐오스럽기도 한 거죠. 진짜 갈 데까지 갔구나! 이런 생각들. 그게 좀 괴로워요. 처음에 우울증 진단받았을 땐 저는 놀라진 않았거든요. 그럴 법하다고. 근데 한편으로는 혹시 내가 유행 따라 다 공황이라니까 나도 공황인 척하나 싶은 거예요.

 시리_ 저도 그런 생각 너무 많이 했어요.

태랑_ 의사한테 나에 대해서 말하면서 내가 거짓말을 안 했을까? 교과서에서 배운 어떤 내용을 말하지는 않았을까? 이렇게 하면 진단받던데, 하는 마음이 없었을까. 안정제를 먹으면서도 이런 모습을 연출하며 연기하고 있는 건 아닌가. 머릿속에 막 여러 인물이 있는 것처럼 생각이 들었어요.

다나_ 저도 진짜 똑같이 생각했어요. 내가 공황을 연기하는 것 같다는 느낌을 받은 적이 있어요. 그러니까 몸이 막 떨리는데도, 내가 지금 일부러 이렇게 떠는 건가 이런 생각을 되게 많이 하고. 그러면서 괴로움이 없어지는 게 아닌데, 그렇다고 내가 몸이 안 떨리는 게 아닌데. 그런 생각 하니까 더 괴롭죠.

태랑_ 연예인들이 공황이 와서 약 먹고 이런 모습조차 보기가 싫더라고요. 그냥 마주하기 싫은 것 같아요. 그 연예인이 싫다기보다는. 그게 자기혐오에서 오는 것 같아요. 예를 들어 내가 회의하다가 "저 잠깐 공황이 와서 잠깐만 나갔다 올게요." 하고 막 밖에서 숨을 쉬고 있어요. 그게 제삼자의 눈으로 본다고 생각하면 너무 꼴 보기 싫을 것 같다고 생각하는 거죠.

시리_ 저는 이런 생각들도 증상 중 하나같아요. 팩트는 태랑이 아파서 약을 먹고 있다는 건데, 끊임없이 계속 파고들면서 생각하고 다른 감정이 막 치고 들어오잖아요. 그런 게 증상 중에 하나 아닐까요?

  태랑_ 우울의 근원을 찾는 거랑 비슷한 거네요.

  시리_ 저도 그래요. 예민한 사람더러 보통 입에 가시가 달렸다고 하잖아요. 전 근데 귀에 가시가 달린 것 같아요. 남의 말을 너무 왜곡해서 듣는 거예요. 누가 A라고 했으면 A만 들어야 하는데 저 사람의 의도는 B고, C고, 속으로는 D의 마음을 갖고 있어서 나한테 A라고 말은 했지만… 내가 이러면서 듣는 거예요. 그랬을 때 마음이 안 좋았어요.

  태랑_ 집요함이 생기는 것 같아요. 나도 가시 돋친 말하게 되고, 내가 말하고 막 놀라요. 왜 이렇게 말했지? 그런 고민이 있어요.

  시리_ 우리 집은 대대로 우울증 환자가 한 명씩 계셨거든요. 그래서 제가 우울의 근원을 한창 고민할 때는 그걸 선생님한테 막 엄청 심각하게 말했어요. 저희 삼촌도 우울증이 있고, 외할머니도 그렇고, 사촌도 있고… 그런데 의사 선생님이 그러더라고요. 깊이 생각하지 마세요. 그냥 걸린 거고, 호르몬이 이상해져서 걸린 거고 그냥 지나가는 거라고.

태랑_ 저는 진단받았을 때 뭔가 시원해지는 게 있기도 했어요. 이럴 줄 알았다 싶고. "약 드셔야 합니다." 하길래 바로 '오케이, 먹어야겠지. 지금 먹을 타이밍이지.' 생각하고 받아들였다고 해야 하나.

시리_ 저도 진단받고 약을 먹었는데 되게 약이 잘 들었거든요. 처음에 몇 번 바꾸긴 했지만. 그러면서 내가 이렇게 약 한 번으로 바뀔 수 있는 호르몬의 노예였나 이런 생각도 들고 어이가 없는 거예요. 그 전에 제로인 상태에서 기분을 올리려고 했던 노력이 사실은 약 먹으면 바로 많이 좋아질 수 있는 거였던 거니까. 그런 생각은 안 들었어요?

태랑_ 억울했죠. 약을 먹고 너무 좋아져서. 다른 사람들은 이런 기분으로 살았구나, 그런 억울함.

다나_ 저는 근데 한번 약을 엄청 센 걸 처방받았는데 공황이 와서 그 약에 비상약까지 먹었다가 완전히 약에 취해서 몸도 제대로 못 일으키고 해롱해롱한 상태가 된 적이 있거든요. 그때 '약이 이렇게 센 거구나.'라는 거를 번뜩 깨달았어요. 저는 약에 대해서는 양가감정이 들어요. 마음에 병이 걸렸으니까 감기약 먹듯 우울증도 약 먹는 게 자연스러운 거라고 거부감 없이 받아들였지만 한편으로는 내가 자가 체크한 걸 보고 진단을 내리는 건데 거짓말했으면 어쩌려고 이렇게 약을 쉽게 주지? 이런 생각이 동시에 드는 거예요. 진단이 맞냐는 의심을 많이 하면서도 약 먹는 거는 거부감 없이 먹고. 약을 끊고 싶으면서도 약 먹는 걸 왜 내가 거부해야 하냐는, 그러니까 우울증 약 먹는 것도 자연스러운 거라는 사회적으로 학습된 생각도 들어서 계속 왔다 갔다 저울질하는 느낌이에요.

신희_ 저는 약이 두려워요.

시리_ 그럼 상담만으로 좋아지신 거예요?

신희_ 네, 상담으로 도움을 많이 받았어요.

시리_ 어떤 마음인지 이해할 것 같아요. 제가 건강 염려증이 조금 있거든요. 그래서 정신과 고를 때도 그 교수님이 무슨 학회에서 어떤 논문을 발표했는지 검색하고, 괜찮은 교수님인가 이렇게 알아본 다음에 약을 받았어요. 그런데 받아온 약을 찾아봤는데 3번 치료가 간질용인 거예요. 그래서 나한테 왜 간질약을 줬냐고 밤새도록 구글링하면서 내 의료 기록에 간질이 올라가면 어떡하냐고 걱정한 적이 있거든요. 그 정도로 처음 약을 접할 때는 거부감 같은 게 있었어요. 제 진단은 불안장애가 1번이었거든요. 우울도 물론 있지만. 저는 남들보다 불안 기질이 너무 높아서 정신과에 대해서 일단 검색부터 다 해야 해요.

신희_ 이런 질문이 매우 조심스럽지만, 지금은 휴직 중이라고 하셨는데요. 다시 회사로 돌아가셔야 할 텐데 괜찮으신지 궁금하네요. 저도 회사 생활을 하면서 우울감을 느꼈었는데, 만약 다시 돌아가야 한다면 너무 힘들 것 같아서요.

시리_ 일단은 지금은 회피 상태인 것 같아요. 아직 복직까지 3개월 남았으니까 회사에 대한 생각은 저 뒤편으로 두고 있는 거죠. 사실은 제가 일 욕심이 많은 편이었거든요. 근데 정신 건강이 안 좋아지고 그게 부질없다는 거를 많이 느껴서 휴직 기간에 욕심을 내려놓게 된 거 같아요. 제가 이렇게 내려놓았는데 다시 회사에 가서도 안 된다면, 저도 대안을 많이 찾아봐야겠죠. 아직은 그래도 내 마음을 이렇게 내려놓은 상태라면 가능할까 다시 도전해 보고 싶긴 해요. 아직은 조금 더 해보고 싶다는 마음이 큰 것 같아요. 좋은 정신과 선생님이랑 상담 선생님 만나서 많이 괜찮아졌는데 회사로 돌아가자마자 심해질 수도 있겠죠. 그냥 막 그만두고 싫었거든요. 근데 다행히 휴직 제도가 있어서 이 제도를 쓰면서 많이 생각을 정리해 볼 수 있었던 것 같아요. 너무 스트레스받지만, 아직은 그 회사에서 해보고 싶은 것도 남았고. 증세가 조금 나아진다면 아직은 더 해보고 싶다는 마음이 남아 있어요. 우리처럼 예민한 사람이 일의 능률은 더 높대요. 다른 사람의 감정도 훨씬 빨리 캐치하고 실수도 현저히 낮고요. 그래서 능률은 높지만 안이 곪아갈 수 있다고 얘기하더라고요.

다나_ 태랑이랑 신희 쌤 보면 그런 것 같아요. (웃음)

신희_ 일을 하면서 곪아가더라도 주변에 있는 동료들이 그걸 풀어줄 수 있는 관계라면 괜찮은 것 같아요.

태랑_ 너무 공감돼요.

시리_ 저는 그런 것도 있어요. 예민해서 그런지 변화를 진짜 싫어하거든요. 그래서 한 직장을 이렇게 10년째 다니는 것도 제가 만족해서 다니는 게 아니라 변화가 싫어서예요.

태랑_ 저도 변화를 너무 싫어해서 상담받을 때 책장에서 책 위치가 바뀌었는데 그날 상담에서 말을 잘 못했어요. 그게 신경이 쓰여서. 상담사가 왜 그러냐, 오늘 좀 달라 보인다고 하길래 제가 그날 방 안에서 달라진 걸 다 말한 거예요. 그때 강박이 굉장히 심했을 때 같아요.

다나_ 저는 버스에서 제가 선호하는 딱 그 자리에 앉아야 돼요. 그렇지 않으면 뭔가 신경 쓰이고.

태랑_ 오, 저도 기사님 바로 뒷자리가 제일 좋아요. 이게 자기 취향의 영역이 있고 그거를 벗어나면 아쉽다는 수준에서 끝나면 되는데 그걸 못하면 불안한 거죠. 저는 옷 마음에 들면 똑같이 여섯 벌 사요.

다나_ (놀라며) 저 지금 입고 있는 이 바지만 지금 세 개 있어요.

태랑_ 다들 괜찮은 거죠? (웃음)

신희_ 살면서 취향, 혹은 강박이 점점 늘어나네요. 이게 맞나 싶어요. 저는 제약이라고 느껴져요. 취향이든 강박이든 유지할 수 있는 환경이 아닐 땐 어떻게 되는 거자? 요즘엔 걱정이 돼요.

태랑_ 근데 우울도, 강박도 그냥 어떤 사람의 특징이잖아요.

사회에서는 그걸 이제 특징이라고 하지 않고 나약하다거나 너무 예민하다는 식으로 낙인을 찍으니까 나도 나를 그런 시선으로 보게 되고, 그게 또 스트레스가 되고. 그런 게 좀 지치는 것 같아요. 저는 강박 있는 사람이 사실 좋거든요. 강박 있는 사람과 일하는 게 훨씬 더 편하지 않아요? 그 사람한테 일을 맡기면 잘 해낼 거라는 믿음이 있으니까. 강박적으로 일을 해도 아까 선생님 말씀해 주신 것처럼 주변에 같이 일하는 사람들이 풀어줄 수 있는 환경이거나, 주변 친구라든지, 원가족이든 새로 만든 가족이든 그런 스트레스를 풀 수 있는 환경만 보장되어 있으면 나쁘지 않다고 생각해요. 저는 나아가 이런 강박을 더 얘기하고 설명할 수 있으면 더 편해질 것 같아요. 예를 들어 누군가 이 책을 만약에 읽으면 우울증에 대해 알게 되는 거죠. 저는 학생들 수업할 때도 처음에 가면 이런 말을 해요. 갑작스럽게 큰 소리를 내지 말아달라고.

다나_ 저는 태랑이 공황을 겪고 있다는 걸 알고 있었기 때문에 제가 힘들 때 도움을 청할 수 있었거든요. 그렇게 도움받았던 케이스라서, 너무 당황스러운데 그래도 기댈 수 있는 사람이 주변에 한 명이라도 생겨서, 태랑이 먼저 자기 상태를 얘기해줬던 게 고마웠거든요. 시리 님은 주변에 시리 님 상황에 대해 얼마나 알리셨는지 궁금해요.

시리_ 직장에는 일단 반강제로 공개가 됐겠죠. 물론 제가 휴직계를 내야 하니까 관리자들에게만 말했지만 이야기가 다 퍼졌을 거라고 생각해요. 저도 그때 회사 친구들한테 도움 많이 받았어요. 회사에서 친하게 지내던 친구 중에 우울증으로 휴직했던 친구가 있어서. 친한 친구들에게도 알렸는데 반응이 두 가지로 갈리더라고요. 한 무리는 대수롭지 않게 '그렇구나' 이렇게 넘어가고, 다른 한쪽은 '어떡해? 괜찮아?' 이렇게 반응하는데 저는 전자인 친구들이 훨씬 위안이 많이 됐어요. 저를 아무렇지도 않게 대한 친구들이. 제가 또 생각이 많잖아요. 여러분도 다들 그러시겠지만 (웃음) 그러니까 나를 중증 환자라고 생각하나, 내가 앞으로 우울한 척도 해줘야 하나. 너무 생각이 많아져서 진짜 친한 친구들한테만 이야기하고 부모님한테는 사실 말을 못했어요. 아까 말했듯 저희 할머니도 우울증을 겪었고 삼촌도 겪었는데 저까지 우울증이라고 하면 걱정하실까 봐. 부모님은 무조건 유전이라고 생각할 수 있잖아요. 그래서 휴직했다는 것도 말하지 못했어요. 왜 휴직했는지 설명해야 하니까. 차라리 말하지 말자, 이렇게 된 거죠.

태랑_ 그것도 선택할 수 있는 방법이라고 생각해요.

시리_ 마음에는 항상 무거운 짐이랄까, 그런 게 남아있어요. 제 상태를 전혀 모르시는 거니까. 제가 병원에 벌써 3년째 다니고 있는데 그걸 말을 안 해서 미안함이라고 해야 하나, 그런 게 좀 있어요. 솔직하지 못한 거에 대해서.

태랑_ 어떤 선택을 하든 후회하게 될 수 있으니까요. 내가 감당하지 못할 일이 펼쳐졌을 때 스트레스가 심할 것 같으면 그냥 말을 안 하는 것도 현명한 방법인 것 같아요. 내가 제일 편한 방법을 찾는 게 좋은 거고, 또 파트너인 남편은 알고 있으니까. 그게 엄청 위안이 될 것 같고요.

시리_ 그래도 인식이 좋아지고 있는 거 같아요. 가까운 친구들한테 말했을 때는 별일 아니라는 듯 말하는 친구도 있었고. 그래도 이제는 우울증을 아주 심각한 질병이 아니라 누구나 걸릴 수 있는 거라는 인식을 많이 느껴요.

태랑_ 저는 제가 우울증을 겪어보니까 학생들이 우울해하거나 그러면 눈에 보이니까, 필터가 하나 생긴 기분이에요. 어떤 사람이 되게 우울해 보일 때 어쨌든 나는 편견 없이 그 사람을 대할 수 있다는 자신감도 생기고요. 저는 약을 일 년 정도 먹고 끊은 다음에 집에 제 상태를 알렸어요. 나 사실 공황장애가 있다. 지금은 약 끊고 있으며 그런데 힘들어서 차도 잘 못 타고 그랬다. 말하고 나니까 쓸데없는 질문들을 받기도 했죠. 배려일 수도 있는데, 제 눈치를 보기도 하고. 근데 제가 이제 그런 걸 말했으니까 적어도 우리 엄마는 어디에 가서 우울증 환자 욕은 안 하겠지 그런 생각도 있어요. 근데 아마 엄청 하고 다녔을 거예요, 나약하다고. (일동 웃음)

신희_ 예민함이 꼭 나쁜 건 아니라고 생각해요. 다른 사람 대할 때 더 조심하게 되고. 민감하게 반응할 수 있고요.

태랑_ 그럼 주변에 알렸을 때 가장 큰 응원이 된 표현이 있어요? 폭식만큼 기분이 좋아지는 칭찬이나 격려도 좋고요. (웃음)

시리_ 그냥, "별일 아니야." 이렇게 말해주는 게 도움이 되는 것 같아요. 왜냐면 제가 말버릇처럼 "죽고 싶어." 이렇게 말했던 시기가 있거든요. 상담 선생님한테도 얘기하고 남편한테도 얘기했을 때. 그때 그 기분 별거 아니야, 별일 아니야. 이렇게 오히려 무게를 가볍게 덜어주는 말들이 되게 좋았어요. 그런 감정이 있을 때 옆에서 같이 "(죽고 싶다는 생각이) 왜 들지? 큰일 났다." 이렇게 호들갑 안 떠는 게 정말 도움이 많이 됐던 것 같아요. 왜냐하면 내 마음속에 이미 너무 큰 호들갑이 있어서 누가 옆에서 동조하면 저는 자꾸 더 들어가더라고요. 그래서 옆에서 가볍게 만들어주는 게 저는 도움이 됐어요. 그냥 지나갈 거야. 별거 아니야. 이렇게 해주는 거. 근데 사람마다 다르겠죠? 그렇게 했을 때 또 서운한 사람도 있을 것 같아요.

   신희_ 저도 가볍게 얘기해 주는 사람이 좋았어요.

  시리_ 그리고 그것도 되게 도움이 됐던 것 같아요. 밤에 너무 막 혼자 가라앉아 있을 때 "내일 뭐 하자." 이렇게 내일에 대한 기대감을 심어주는 거. 지금 감정에 휘둘리다가도 그렇게 내일에 대한 계획을 세워주는 사람이 옆에 있으면 도움이 많이 됐어요. 산책하러 가는 것도 힘들 때가 있잖아요. 그런데 내일은 날씨가 좋으니까 어디까지만 가보자. 이렇게 말해주면 도움이 되죠. 증상이 있을 땐 뭐든 잘 못할 거 같은 기분만 들고, 일은 당연하고 친구 관계에서도 말을 왜곡해서 듣고 우리 관계가 나빠질 것 같고 자신감이 낮아졌거든요. 자기 효능감이 엄청 낮아졌어요. 그걸 극복한 것 중 하나는 요리였어요. 바빠서 맨날 아무것도 못 해 먹다가 이제 휴직하면서 시간이 나니까 장을 보고 직접 요리를 하니까 나도 뭔가 할 수 있다는 느낌을 되게 오랜만에 받은 거죠.

태랑_ 좋네요.

시리_ 우울할 때 저만 자신감이 떨어지는지 궁금하네요.

태랑_ 저는 뭘 하는 데 자신이 없어졌다는 느낌보다는 에너지가 고갈된 느낌인 것 같아요. 책상에 앉아 있을 수 없다, 면도하는 것도 너무 버겁다, 그런 기분은 들었었죠. 그리고 허무하다고 해야 하나? 이걸 먹어서 뭐 해? 이걸 생각해서 뭐 해? 이런 기분이 드니까 그게 힘들었거든요.

신희_ 저도 자신감이 없어졌어요. 원래는 남들 앞에서 얘기하는 거 좋아했는데 코로나 시대를 겪으면서 온라인으로 대화하다 보니 상대방의 기분도 모르겠고. 다른 사람들 앞에서 말을 잘 못하게 됐어요.

다나_ 저는 엄청 소심해졌어요. 자신감이 없어지고. 저는 제가 인간관계에서 적극적인 사람이라고 생각했거든요. 근데 좀 엄청 소심해지고, 만나는 사람만 만나게 되고. 일적인 부분에서도 못한 것만 계속 생각하게 되고 잘한 거는 잘 발견하지 못하고. 옆에서 누가 말해줘도 '나를 위로하기 위해서 하는 말이야 내가 잘해서 해준 말이 아닐 거야.' 이렇게만 생각하고 그랬던 것 같아요.

태랑_ 원래 주변에서 백날 얘기해봤자 나한테 확신이 없으면 좋게 안 들리잖아요. 그런데 저는 그 "백날 얘기해 봤자"라고 해도, 반복해서 얘기하는 게 필요한 것 같아요. 누가 괴로워할 때마다 내가 얘기해도 소용이 없을 거라고 생각하지 말고요. 내가 한 말이 잔상처럼 남아 나중에 확신을 갖게 하는 것 같거든요. 옛날에 들었던 사소한 칭찬 같은 거라도. 사실 저는 어린 시절부터 나도 내가 싫은데 누가 날 좋아하겠냐는 생각 때문에 괴로웠어요. 계속 그렇지 않다고 막 얘기를 해줘야 하는 거 같아요. 누가 "아닌데, 난 너 좋은데."라고 말을 해주는 거죠. 그런데 그 말은 결국에는 다 자란 '나 자신'이 해줄 수밖에 없는 거 같고요.

시리_ 좋은 말이다. 저는 한때 우울증 걸린 게 저주 같다고 생각했거든요. 그냥 멀쩡히 살아가는 사람도 있는데 왜 나는 병에 걸려서 가장 가까운 가족한테도 말하지 못하고 있냐고. 그렇게 생각하는 날이 너무 많았는데, 의사 선생님이나 상담 선생님은 너무 깊게 들여다보지 말라고 하지만, 언제 내가 내 감정을 이렇게까지 깊이 들여다볼 날이 있을까 싶어요. 평생을 살면서 이런 시간도 나한테 필요할 수 있고. 그리고 다른 사람을 조금 더 이해할 수 있게 됐다는 면이 있는 것 같기도 해서 요즘에는 마냥 슬프지만은 않은 것 같아요. 나 자신을 이렇게 받아들이는 데까지 시간이 되게 많이 걸렸지만. 이제는 내가 나를 데리고 같이 잘 나아갈 수 있을 것 같은 느낌이 조금 들어요. 만약에 지금 자기감정을 들여다보면서 힘들어하는 사람이 있다면 시간은 좀 걸리겠지만 언젠가는 인정하고 같이 가는 일도 일어날 수 있다고. 모르겠어요. 확실하게 말할 수는 없지만, 정리가 잘 되진 않지만 마냥 슬픈 일은 아닐 수도 있다고 말하고 싶어요.

 백날 얘기해도 들리지 않을 거라고 닫아두는 대신, 백날 얘기하면 언젠가는 들린다는 믿음이 중요하다는 대목에서 모두 고개를 끄덕이며 인터뷰 끝에 시리가 남긴 말을 한 번 더 생각했다. 그렇다. 마냥 슬픈 일은 아닐 수도 있다.

"우울한 감정은 침에 녹은 분필처럼 내 마음 곳곳을
착색했는데, 하필이면 칙칙한 검은색이었다."

3부
신희 이야기

검은 우물

 연필을 먹는 꿈을 꿨다. 주황색 막대를 입에 물고 앞니로 자르면 수수깡이 부서지는 소리가 목과 귀 사이로 울려 퍼졌는데, 그 소리에 덩달아 바스러진 흑연은 오니처럼 침 속에 가라앉았다. 어떤 맛일까 궁금해서 혀를 입천장에 지그시 눌러보았더니 기억이 튀어나와 초등학생 때 본 뉴스를 보여주었다. 아주 오래전 이야기였다.

 아나운서_ 학생을 가르치는 교사가 학생들에게 교육을 위한 체벌하는 것은 학교에서 늘 있는 일이긴 하지만, 체벌이 과연

적정한 수준이었는가 하는 점이 문제가 되는 경우가 있습니다. 담임교사가 학생에게 내린 벌로 분필을 입에 물린 채 그것을 먹게 했다는 사실이 알려지자 학부모들이 크게 반발하고 있습니다. ㅇㅇㅇ기자가 취재했습니다.

ㅇㅇㅇ기자_ 한 초등학교 점심시간, 담임교사가 잠시 자리를 비운 사이 초등학생 5학년 남자 어린이 8명과 여자 어린이 한 명이 분필로 장난을 쳤습니다. 교실로 돌아온 담임교사는 장난을 친 학생들을 나무란 뒤, 분필을 입에 물렸습니다. 장난을 친 학생들은 선생님이 시킨 대로 입에 분필을 문 채로 벌을 섰습니다. 입에 물은 분필은 침에 조금씩 녹았고 학생들은 분필가루를 삼켰습니다. 한 학생은 분필 하나를 다 먹었고, 대부분의 학생은 절반 이상 먹은 것으로 알려졌습니다.

담임교사_ 분필로 장난을 치고 낙서를 했더라고요. 그래서 벌로 분필을 입에 물고 서 있으라고 했습니다.

ㅇㅇㅇ기자_ 교사가 학생들에게 분필을 먹였다는 소식이 학부모에게 전해지면서 크게 반발하고 있습니다. 아무리 학생이 말썽을 부렸다고 해서 어떻게 건강에 해로운 분필을 먹일 수 있느냐는 것입니다. 이 일이 알려지자 교장과 담임교사는

학부모들에게 직접 사과를 했지만, 학부모들은 이런 일이 한두 번이 아니었고 지속적으로 비인간적이고 비교육적인 체벌을 해왔다고 주장하며 담임교사를 바꿔줄 것을 요구하고 있습니다.

 아이들이 먹은 분필 맛은 어땠을까. 텁텁한 밀가루와 비슷했을까? 모래 장난을 치고 손가락에 묻은 흙을 핥았을 때와 비슷했을까. 입으로 들어간 분필가루는 소화되지 않고, 간이나 위에서 둥둥 떠다닐 것 같았고 평생 동안 낙서처럼 마음에 흔적이 남을 거라고 생각했다. 몸속으로 지우개를 넣을 수도 없을 테니까. 연필을 먹는 꿈을 꾸고 깨어나면 언제나 그렇듯 속이 메스꺼워졌다.

 우울한 감정은 침에 녹은 분필처럼 내 마음 곳곳을 착색했는데, 하필이면 칙칙한 검은색이었다. 까만 잎, 캄캄한 나무, 컴컴한 돌, 거뭇한 이끼, 새까맣게 물든 숲에는 부서진 벽돌과 음산한 덩굴 사이로 한없이 검디검은 우물도 있었다. 가끔 우물의 물이 넘치는 경우에는 내 엄지발가락에 있는 지문이 물을 흡수했고, 도화지에 연필심을 문지른 것처럼 마음에 자국을 남기곤 했다.

처음 몇 번은 검은 자국이 생기더라도 세탁한 것처럼 깨끗하게 지울 수 있었지만, 몇 번이 몇 번으로 표현되는 것이 불가능해지자 지워지지 않는 얼룩이 하나 둘 생겼다. 억지로 지우려고 하면 본래의 내 것도 지워졌는데, 그 작업은 굉장히 고통스럽고 끔찍한 경험이었다. 다시는 흰 것으로 돌아갈 수 없다는 것을 깨닫게 되면서 앞으로 어떻게 살아가야 할지 엄두가 나지 않았다. 결국 나는 흰 것을 영영 잃어버리고 얼룩덜룩한 모습으로 평생을 살아야 하는구나. 마치 마르지 않은 옷을 입고 다녀야 하는 것 같은 느낌이었다.

사람들을 만나보면 보면 얼룩이 없는 존재는 드물었다. 산다는 것은 마음에 얼룩을 끼얹는 과정인 것만 같았다. 카무플라주처럼 겹겹이 층을 쌓다 보면 어느 순간 자연과 하나가 되는 것일까. 어떤 사람은 있는 그대로의 나를 받아들여야 한다고 하는데, 나는 아직 모르겠다. 그저 나처럼 자신의 모습이 괜찮지 않은 사람들에게 나도 그렇다고, 검은 우물이 이따금 넘쳐서 얼룩덜룩해진 마음을 깨끗하게 씻어보기도 하고 나중엔 지쳐서 멍하니 바라보기도 한다고. 나도 당신과 같다는 것을 말하고 싶을 뿐이다.

승민과 하늘은
내가 잘못된 게 아니라는 위안을 얻었다.

05 승민과 하늘의 이야기,
우울이 신체를 집어삼킬 때

 하늘은 태랑과 10년 넘게 알고 지낸 친구다. 무드트래커 팀이 우울증 인터뷰를 하고 있다는 소식을 듣자마자 하늘은 애인인 승민에게 좋은 질문을 던져줄 수 있을 것 같다고 생각하며 태랑에게 연락했다.

 승민_ 저는 회피 혹은 방어 기제일 수도 있는데 스스로 '우울증이 있다.'고 생각하지 않았던 것 같아요. 약물 치료를 하고 있는데도 그런 생각이 들지 않더라고요. 그렇게 생각하는 게 좀 부담스러워서인지. 그래서 언제부터 스스로 증상을 느끼고 불편을 겪어왔는지에 대해서는 좀 흐릿한 편이긴 한데, 그래도 지금 많이 좋아져서 과거를 객관적으로 돌아보고 구분할 수 있겠더라고요. 이렇게 되기까지가 되게 긴 시간이었던 것 같아요. 제 짧은 인생에서.

하늘_ 승민이 치료 받는 걸 알고 있어서 태랑한테 승민 이야기를 했는데요, 저도 최근에 병원에서 우울감과 불안, 불면 진단을 받아 약물 치료를 시작했어요. 며칠 안 됐어요.

태랑_ 축하합니다. 우리 세계로 들어오신 걸 (일동 웃음)

하늘_ 감사합니다. (웃음)

다나_ 병원에 찾아가게 된 계기 같은 게 있나요? 저는 20대 초반부터 고민했는데 그때는 못 갔거든요. 가장 큰 이유는 금전적인 문제. 돈이 너무 많이 깨질 거라는 압박이 있었어요. 또 어디를 가야 할지를 몰라서 잘못 찾아가면 괜히 더 상처받게 될까 봐. 그러다 공황이 심해져서 혼자서는 못 견디겠다 해서 찾아갔어요. 집 앞에 있는 아무 병원이나 갔어요. 다들 병원에 가서 진단받기까지 여러 과정이 있었을 텐데 그런 것도 좀 들어보고 싶어요.

신희_ 처음에는 제가 상담을 받을 거라는 걸 꿈에도 몰랐어요. 우연히 상담받았는데 두 번째에 엉엉 울고 나왔거든요. 생각해보면 우울한 때가 많았는데, 왜 나는 인지하지 못했을까. 나한테 되게 둔감했다는 걸 알게 됐죠. 상담받은 뒤부터는 나에 대해서 민감하게 반응하게 됐어요.

승민_ 저는 한 5년 전쯤 대학원에 있을 때 막연히 좀 불편하다고 생각했어요. 그러니까 일단 제가 하고 싶지 않은 생각을 제 의지로는 멈출 수가 없었고 주로 나 자신에 대한 부정적인 생각들이었어요. 치료 시작하고 몇 달 안에 10kg 정도 늘었는데 그전에는 건강한 몸이 아니었거든요. 소화력도 엄청 떨어져 있고. 결국 제 정신적 상태가 몸에 다 반영이 되어서 쌓이고 쌓여서 불편하다고 생각을 하게 됐던 것 같아요. '이걸 해결하고 싶다. 이거는 문제다.' 인식하게 됐죠. 그런데 그때 찾은 병원이 저랑 안 맞아서 한 일 년 가까이 다녔지만 효과를 보진 못했어요. 그러다 제가 대학원을 관두고 갑자기 취직했는데, 지금 생각하면 참 아쉬운 게, 취직했을 때 약을 그냥 안 먹었어요. 안 먹고, 병원에도 안 갔는데 일하는 동안 저도 모르게 상태가 엄청 안 좋아진 거죠. 돌아보니까 알겠더라고요. 그 당시엔 몰랐죠.

태랑_ 저도 약을 끊고 싶어서 선생님한테 저 괜찮다고, 설득한 적도 있어요. 저는 우울이랑 강박, 불안 그리고 공황장애가 있는데 공황이 되게 심했을 때는 지하철 같은 곳에서 막 떠드는 사람을 보면 엄청 무서운 거예요. 전에는 그냥 짜증이 나거나 화가 났었는데, 공황이 오면서 그게 너무 무서운 거죠. 해코지를 당할 거라는 생각이 들기도 하고. 사람이 그냥 떠드는 것뿐인데. 그게 나를 해치려는 것처럼 느껴지고. 그러다 약을 먹으면서 치료를 받으니 다시 짜증이 나더라고요. 겁나는 게 없어지고. 그래서 선생님한테 이제 괜찮아진 것 같다고 약을 끊어도 될 것 같다고 말하니까 선생님이 짜증이나 겁나는 거나, 같은 반응이라고 하는 거예요. 그러니까 저는 기질적으로 예민한 사람이고 그걸 좀 관리하면서 살아야겠다고 깨달음을 얻었다고 해야 하나. 불안이 높아지면 우울도 따라오고 우울이 높아지면 불안도 따라온다고 하더라고요. 전에는 나는 우울하기도 한데 불안하기까지 하다고 생각했었는데 최근에 만난 선생님이 말해줬어요. 그 두 가지는 따로 있는 게 아니라고.

승민_ 저는 그때 취직하고 나서 갑작스럽게 약물 치료를 중단하고 회사에서 기대에 부응하고자 하는 마음이 너무 커서 저 자신을 더 탓하고, 내가 모자란다는 느낌을 많이 받으면서 상태가 안 좋아졌던 것 같아요. 일한 지 한 일 년쯤 됐을 때, 대표님이 피드백을 주셨는데 그 피드백을 듣고 바로 다음 날 아침에 침대에서 못 움직이겠다고 생각했어요. 그냥 움직이기 싫다는 생각이 아니라. 그때 토요일이었는데, 출근은 월요일에 하는 건데 토요일부터 저는 이미 월요일에 못 나갈 거 같은 기분인 거예요. 여기를 떠나야겠다는 생각이 들어서 몰래 출근해서 짐 싸서, 그냥 말없이 나왔어요. 편지 한 장 남겨놓고. 미성숙한 처리 방식이었죠. 돌아가면 똑같이 하진 않을 것 같긴 해요. 후회되는 것도 많고. 근데 당시에는 그렇게 할 수밖에 없었던 어떤 이유가 있었는데, 그렇게 퇴사하고 바로 찾아갔던 게 병원이었어요. 다시 찾아간 이유는 신체적으로 너무 확연하게 이상하다는 게 느껴져서. 한 10분 걸으면 온몸에 힘이 없어졌어요.. 의학적으로 어떤 인과관계가 있는 건지 잘 모르겠지만 저는 그때 번아웃 같은 증상도 같이 와서, 신체에 빨리 드러났던 것 같아요. 너무 불편했고, 그냥 제가 좀 이상한 것 같더라고요. 그렇게 병원에 다시 가서 그 뒤로는 쭉 다녔어요.

다나_ 그럼 약물 치료를 계속 받고 계신 거예요? 상담도 병행하세요?

승민_ 퇴사한 직후에는 상담도 같이했었는데 상담은 큰 도움이 되지 않는다고 느껴지기도 하고 갑자기 퇴사하다 보니까

지출도 좀 부담스러워서. 상담은 받지 않고 있어요.

태랑_ 하늘은 최근 진단을 받았다고 했는데 병원에 가게 된 계기가 있어요?

하늘_ 생각해 보면 10대 때부터 우울하다는 생각은 있었어요. '우울증이다'까지는 아니었지만, 기본적인 정서가 우울한 편이라는 생각이 있었고 스무살 때 좀 더 심해졌어요. 잠을 되게 많이 자고, 잠자느라 수업이나 모임에 못 가고. 그렇게 일상생활에 지장이 있었죠. 근데 그게 우울증이라고까지는 생각하지 못하고 그냥 잠이 많고 게으른 거라고 생각했어요. 대학 다닐 때랑 대학원에서 한 번씩 상담을 받은 적은 있었어요. 처음에 상담받으러 간 건 일하던 곳에서 강압적인 상사 때문에 심장이 막 심하게 뛰면서 일하러 가는 게 너무 무섭고 내가 아무것도 아닌 것 같다는 생각이 들어서였어요. 그래서 상담하러 갔는데 사실 그렇게 큰 도움을 받지 못했고요, 대학원 때는 인간관계에서 크게 상처받았던 일이 있는데 그때 바로 갈 생각은 못했어요. 한 6개월 정도 지났는데도 힘들다는 생각이 들어서 다시 상담받았는데 그때는 저랑 잘 맞는 선생님을 만나서 도움을 꽤 받았던 것 같아요. 그래서 괜찮아졌다고 생각했어요. 저는 좀 괜찮아지면 바로 다

나았다고 생각하나 봐요. 그래서 상담을 일찍 종결했어요. 그러다 제가 작년 여름에 독일 베를린으로 워킹홀리데이를 갔다가 왔는데 거기서 지내면서 좋은 시간도 많았지만 고립감 같은 걸 많이 느끼면서 다시 상태가 안좋아져서 한국에 들어와서 병원을 찾게 되었어요.

태랑_ 저도 상담을 하면서도 거의 약물 치료를 위해 가는 거라고 생각했던 거 같아요. 약 타러 가는 거라고 생각한 거죠. 상담도 길어봤자 한 15분 정도 해주시는 분도 있었고. 저는 병원을 추천받아서 갔는데 유일한 조건이 '빻지 않은 사람'을 만나는 거였어요. (일동 웃음) 내가 상담 선생님 발언에 스트레스를 받고 싶지는 않다는 마음.

승민_ 상담을 3개월 받았는데, 그때 좀 불편했던 게 선생님이랑 얘기 나눌 때 예를 들면 '어머니가 어렸을 적에 어땠는지' 그런 걸 많이 물어보는 거예요. 자꾸 상담에서 제 가족이나 외부로 화살을 돌리는 기분이 들었어요. 누나한테 얘기했는데 '너무 캐내는 것 아니냐' '문제가 아닌 걸 문제로 만드는 게 아니냐' 이러는데 그때는 저도 좀 그렇게 생각했던 거 같아요. 누나의 대처가 지금 생각하면 좀 섭섭하기도 하지만. 문제가 아닌 걸 문제화하는 건 아닌가 그런 생각이 들어서 관둔 것도 있어요.

다나_ 지금은 생각이 달라지셨어요?

승민_ 지금은 의문이 들면 차라리 질문을 할 거 같아요.

신희_ 중요해요. 질문을 해보는 거.

승민_ 네. 그러면 선생님도 최선을 다해 답변을 해주실 테니까. 제가 이전에 비해 달라졌다고 생각하는 것 중 하나가, 이전에는 서운함이 있어도 표현 못하는 사람이었고 지금은 그건 아니라고 생각해요. 제가 서운함을 차단하거나 억누르는 거에 능했던 게 아니고 둔하고 좀 무감각했던 것 같아요. 그러니까 제가 느끼고 있는 감정을 표현해도 된다는 사실도 몰랐던 것 같고. 저는 제가 배려하고 있다고 생각했는데 또 다른 관점에서 보면 이상하더라고요. 서운한 감정도 표현할 수 있는 많은 감정 중 하나고. 저는 원래 울음도 없는 편이었고 울고 싶다는 생각도 잘 안 했고 그랬는데, 이게 신체적으로 불편하고 뭔가 막 막혀 있는 느낌? 그런 느낌이 오래 지속됐던 것 같아요. 그래서 저는 지금도 더 좋아질 여지가 많다고 생각해요.

다나_ 병원에 처음 갔을 때 저한테도 그것부터 묻더라고요. 엄마와의 관계가 어떻냐. "별문제 없는데요?" 이렇게 말했는데 두 번째, 세 번째에 가도 그걸 또 물어보더라고요. 그러니까 보호자와의 관계가 상담에 되게 중요한 포인트인지 모르겠는데, 그래서 별문제 없다고 그러는데도 왜 계속 물어보지 이런 생각이 들 정도로 물어봐요.

태랑_ 보통 "난 이런 사람을 만나고 싶어." 혹은 "절대 안 만나고 싶어." 이런 말들이 다 보호자를 염두에 둔 말이잖아요. 인간관계에서도 그게 기초 자료가 되는 것 같아요. 그런데 상담받을 때 한편으로 들었던 생각이, 이 상담사는 전생에 무슨 죄가 있어서 이런 직업을 택하고 박사까지 따서 자기 원가족한테도 하지 못하는 사람들의 얘기를 다 들어야 하며, 말할 때도 신경을 써서 얘기하는 이런 현생을 어떻게 버티고 있을까 이런 생각 들지 않아요? 이 사람은 스트레스를 어떻게 풀고 있는 걸까. 그런 생각도 엄청 했어요.

신희_ 혹시 한번 여쭤본 적 있으세요?

태랑_ 물어봤어요. 대학교에서 상담받을 때 상담사가 대학원생이었는데 자기도 수퍼비전[6]을 받는다고, 그런 시스템이

---

6. 수퍼비전(supervision): 상담에 대한 이론적 지식과 상담경험이 풍부한 전문가가 상대적으로 이러한 부분이 부족한 전문가를 도와 그의 상담능력의 발전을 촉진해 주는 것 (출처. 네이버 상담학사전)

잘 돼 있다고 걱정 안 해도 된다고 얘기했어요.

신희_ 그럼 안심이 좀 되셨나요?

태랑_ 아뇨, 그 수퍼비전 하는 사람의 스트레스는 또 누가 받아주나 싶은 거죠. 누군가 정점은 있을 거 아닌가. 철학자? (웃음) 그런 고민을 엄청 했었거든요. 근데 필요했던 고민인 것 같아요. 돌이켜보면 계속 그랬어요. 초등학교 때도 선생님이랑 얘기할 때 '이거 말해도 되나. 그냥 참지 내가. 한 명만 참으면 되는데. 말하면 내가 감당해야 할 게 더 커지지 않을까. 얘는 이걸 감당할 수 있나, 더 안 좋아지는 거 아니야?' 이런 고민을 엄청 했거든요. 그래서인지 지금도 학생들 보면 제가 보기엔 깊은 상처를 받을 만한 일인데 "모르겠는데요?" 하는 애들이 있거든요. 그게 거짓말일 수 있지만 너무 부러운 거예요. 어떻게 하면 저렇게 잠잠할까? 아니면 물 아래에서 엄청난 싸움을 하고 있는 걸까? 내가 감히 이런 생각을 해도 될까? 또 머릿속이 복잡한 거죠.

승민_ 저는 '나는 무엇인가'라는 질문도 했는데요. (웃음) 이걸 탐구한 게 결국 우울 때문이었는데, 저는 저 자신을 생각하면 부정적인 이미지가 떠올랐거든요. 그런 우울감을 이기려면 제가 저를 부정적으로 생각하는 방식이 잘못됐다는 걸 논리적으로 증명하는 수밖에 없을 것 같았어요. 그래서 우울감이 '나는 무엇인가'라는 질문으로 연결이 됐는데 공부를 계속했으면 아마 우울 증상에 대해 철학적인 개념으로 다뤄봤을 것 같아요. 저는 철학은 그냥 논리적인 사유 방식이라고 생각하는데, 철학을 통해 제 상태를 정리하기도 했어요. 예를 들자면 '나만 그런 게 아니지 않을까'라는 생각을 되게 많이 하게 되잖아요. 그런데 한편으로는 그런 생각이 강요가 되기도 하는 것 같아요. 그러니까 '너만 그런 게 아니야.'라고 주변에서 말할 때요. 제가 엄마한테 치료한다는 사실을 처음 말씀드렸을 때 제 사촌 누나도 비슷한 치료를 받고 있는데, 누나 이름을 꺼내면서 "걔는 이런저런 일들이 있어서 힘들게 살았는데 너는 그런 게 없지 않냐. 너만 힘든 게 아니다." 이런 식으로 말하는 거죠. 그러니까 "너보다 더한 사람 많다."라는 식으로. 그때 저는 논리적으로 그 상황을 정리하려고 하거든요. 그래서 설령 나를 제외한 모든 사람이 정신의학적으로 우울증 진단을 받은 어떤 세계에서 내가 산다고 해도 그게 내 우울함을 감소시키거나 무의미하게 만드는 건 아니라고 생각하는 거죠. 그러니까 우울증을 누가, 얼마나 겪고 있든 일단 내가 겪고 있다는 게 제일 중요하다고. 많은 분이 이렇게 생각할 수 있으면 좋겠다고 생각해요.

다나_ 저희가 대화 시작할 때 기분을 기록하는 활동인 '무드트래커'를 할 수 있도록 스티커를 드렸잖아요. 두 분은 지난 한 달간 어떤 감정으로 보냈는지 기억을 잘하고 계시나요? 내가 9월을 어떻게 보냈는지, 지난 한 주는 무슨 감정으로 보냈는지 기억하고 계시는지 궁금해요.

승민_ 저는 좀 무감각한 것 같아요. 일단 되게 흐릿하고. 전반적으로 잘 보내지 않았을까 생각하는데 반복적으로 하는 고민은 있어요. 제 인생의 화두인데요, 제가 뭘 해야 할지 잘 모르겠어서. 뭔가 하고 있긴 한데, 저한테 맞고 제 능력을 백 퍼센트 발휘할 수 있는 무언가를 해야 할 것 같다는 생각을 많이 해요. 그런 생각은 계속 있었던 것 같아요. 나머지는 날이 더웠던 거 빼고는 대체로 안정적이었던 것 같아요.

태랑_ 좋네요. 안정적이라는 말이.

하늘_ (승민을 보며) 그래서 약 줄였잖아.

태랑_ 축하합니다.

승민_ 처음 줄였어요. 3년 만에. 태랑도 말했듯 정신과에서는 상담이 있어도 길지 않잖아요. 근데 그 짧은 시간에 제 입에서 나오는 말들이 저를 놀라게 한 적이 있거든요. 예를 들면 "과거의 나를 부정적으로 보는 게 문제였는데 이제 좀 긍정적으로 보려고 한다. 그런 관점을 얻은 것 같다."고 선생님한테 말한 거죠. 또 "안 좋은 상태가 찾아와도 시간이 해결해 주더라." 그런 얘기도 하고. 선생님도 그런 변화를 감지했나 봐요. 약 먹기 전후 차이도 예전만큼 크지는 않은 것 같다고. 그런 얘기도 했을 정도로 무난한 9월이었던 것 같아요.

태랑_ 좋네요. 하늘은 시간을 예민하게 감각하는 한 달을 보냈나요?

하늘_ 시간 감각이요? 시간을 예민하게 감각한다는 건 어떤 걸까? 저는 되게 힘들었던 시간이었어요. 승민이 자기에 대해 부정적으로 생각하는 게 문제였다고 말했는데 제가 지금 그런 시기를 보내고 있는 것 같아요. 7월 1일에 한국에 왔는데 두 달 정도는 못 만났던 친구들, 애인이랑 만나고 맛있는 것도 먹고 하면서 가족들도 만나고 좋게 보냈던 것 같은데 3개월 차 되니까 한국 사회의 압박감 같은 걸 느꼈어요. 그냥 감정이 말이 안 될 정도로 극단으로 치닫고 자주 울었어요. 일주일에 한 3일은 울고, 잠도 잘 못자고. 작은 일에도 다 짜증이 나고 힘든 일이 있으면 그걸 해결해 나갈 의욕이나 힘이 잘 안 생기고. 그냥 좀 죽고 싶다는 생각이 드는 거예요. 괜찮아져도 다시 그런 힘든 감정들을 느낄까 봐 너무 두려워서.

태랑_ 저도 자살 징후가 20대 내내 있었어요. 횡단보도를 건너면 '지금인가.' 이럴 정도로. 그런 생각이 저를 괴롭혔어요. 근데 그게 그냥 저라고 생각하고 이 기분을 글로 써보자, 그림으로 그려보자, 그렇게도 생각했었죠. 그러면서 나만 그런 게 아닐 거라는 생각도 있었고요.

신희_ 맞아요.

태랑_ 언젠가는 환청도 엄청 들리더라고요. 계속 "괜찮아, 가." 이런 목소리가. 너만 그런 거 아니라고. 주변에 스스로 목숨을 끊은 친한 친구와 지인들이 있었는데 안타깝고 슬픈 건 둘째 치고 심지어 부러운 거예요. 성공했구나, 이런 생각. 그래서 '나 좀 이상하구나.' 그런 생각을 했었죠. 그러다 제가 어머니 간이식을 해드렸거든요. 3년 전에. 그리고 나서 엄마가 복도에서 걸었다는 얘기를 딱 들으니까 이제 진짜 죽어도 되겠다는 생각이 들어서 엄청 울었어요. 저는 일기를 집착 수준으로 쓰는데, 병원에서도 일기를 썼거든요. 거기에 어제는

7명이 보였는데 오늘은 6명이 보이고… 환영도 다 써놓은 거예요. 그리고 이제 병원에 간 거죠. 의사가 약을 드셔야 한다고 해서 약을 먹었고 먹자마자 드라마틱하게 자살 징후가 없어졌어요. 진작 먹을걸. '내가 왜 계속 참았지?'라는 생각을 하게 되더라고요. 약이 뭘까? 진짜 약이라는 게 플라시보인가? 그냥 내가 약을 먹고 전문가가 옆에 있으니까 좋아진다고 혼자 착각을 하나. 근데 착각이어도 좋아요. 이런 기분으로 계속 살고 싶고. 근데 아프고 나니까 우울증 환자를 나약하다고 생각하지 않아요. 절대 나약하다고 생각하지 않고 함부로 판단하지 않죠. 그런 것들을 얻었죠. 내가 아픈 사람 얘기 들으면 "힘들었겠구나."가 바로 나오는 사람이라 좋아요. 나의 많은 면들이 마음에 들지 않지만. 오늘도 승민과 하늘 이야기를 들으면서 '힘들었겠구나'만 생각하지 '그럼 이렇게 하는 건 어땠을까'라고 차선을 생각하지 않았어요. 그 점이 스스로 좋았어요. 저는 이렇게 대화하는 동안 '다음에 내가 무슨 말 할까?'만 생각하지 않고, 느려도 다 듣고 소화하고 한 번 더 얘기하는 그런 안전한 대화가 사회 곳곳에서 열렸으면 좋겠다는 생각이 있어요. 오늘의 대화도 그런 역할을 하면 좋겠네요. 나중에 그때 그런 얘기 했었지 생각하면서. 제가 최근 이사를 하면서 일기장, 받은 편지를 다 버렸거든요. 사진으로 찍어서 저장은 해두고. 기록해 둔 걸 사진으로 찍으면서 우연히 몇 줄씩 보게 되는데 '무드트래커'란 말이 되게 많이 나오더라고요. 예전부터 관심이 계속 있었나 봐요. 감정을 기록하는 거에 대해서.

신희_ 저는 직장생활이 너무 힘들어서 다 정리하고 여행을 몇 달 다녀왔거든요. 지금 돌이켜 보면 여행하는 동안 힘들었던 감정을 유예한 거더라고요. 한국으로 돌아왔을 때 몇 배는 더 힘들었어요.

하늘_ 공감해요. 왜 다녀와서 힘든지 잘 모르겠더라고요. 떠날 때도 힘들지 않은 건 아니었지만 떠날 때는 떠난다는 생각 때문에 버틸 수 있었던 거죠. 희망을 가졌던 거고. 근데 외국에서 한국어 화자로서 다른 일이나 학교에 다닌다거나, 그런 거 없이 살아간다는 게 쉽지 않았죠. 다른 나라에서 살아간다는 게 쉽지 않아서 다시 돌아왔어요. 갈 때는 얼마나 지낼지 모르는 상태에서 간 거였거든요. 근데 일 년이 조금 안 돼서 좀 힘들어서 귀국하고 나니까 희망이 없다고 느껴지는 것 같아요. 이젠 어디에 희망을 걸어야 하지? 이런 생각인 거죠. 그래서 떠나갈 때보다 두 배로 더 힘든 느낌이 있어요. 갈 때는 다 괜찮아질 것 같았거든요.

신희_ 저는 마치 그런 느낌이었어요. 파도가 오는 거랑 해일이 오는 거랑 다르잖아요. 원래는 파도로 여러 번 맞았어야 했는데 미뤄졌다가 한 번에 해일로 맞는 느낌. 할부로 맞을 걸 일시불로 맞은 거죠. (웃음)

태랑_ 저는 여행을 하면 며칠이 숭텅 빠지는 기분이 좋거든요. 다이어리나 일기에 한꺼번에 적잖아요. 화살표 표시를 해서 '제주도' '독일' 이렇게 해놓을 수 있으니까 이 시간이 뭉텅 없어진 느낌이 되게 좋더라고요.

하늘_ 생각 못 해봤는데 그런 것 같아요. 베를린에 있을 때 어떤 생각을 자주 했냐면요, 잠깐 나를 냉동해 놓고 시간이 한참 지난 후에 나를 깨웠으면 좋겠다고 생각했어요. 자주, 간절히 바랐어요.

다나_ 다들 원가족에게 치료하고 있다는 사실을 공유하셨나요?

승민_ 네. 저 같은 경우에는 엄마가 여전히 백 퍼센트 제 상태를 받아들인 것 같지는 않아요. 이것 때문에 되게 많이 서운해했었죠. 약을 안 먹는 방향, 줄여가는 방향으로 치료를 해보자고 초반부터 권유하셨어요. 그걸 꼭 먹어야 되냐, 이런 식으로. "의사가 먹으라는데 어떡해?" 이러면 "의사는 약을 당연히 먹으라고 하지." 이러면서. 제가 약물 외에 할 수 있는 식이요법이나 운동 같은 노력에 대해 자주 얘기하고요.

다나_ 운동을 해라. 사람 좀 만나고.

태랑_ 밝은 생각 하고.

다나_ 긍정적으로 생각하려고 노력하고.

승민_ (웃음) 그러다 보니까 저도 자꾸 부모님한테는 축소해서 얘기하게 되더라고요. 그래서 최근에 와서야 약을 줄였는데, 부모님에게는 예전부터 "요새는 필요할 때만 먹는다. 줄이고 있다. 병원 안 간지 좀 됐다." 그냥 이렇게 말해서 우리 아들이 병원에서 치료받고 있다는 것에 대한 인식이 강하진 않을 거 같아요.

하늘_ 저는 아직은 말 안 했는데요. 말해도 될 것 같다고 생각은 했었는데, 뭔가 안 하는 게 좋을 것 같다는 생각이 들어요. 엄마가 좀 가책을 느낄 것 같고, 그런 식의 관심을 받고 싶진 않아서.

태랑_ 그럴 수 있을 것 같아요.

다나_ 저도 엄마한테 약 먹는 걸 들켜서 정신과 약이라고 얘기한 이후로는 대화를 해보진 않았어요. 물어보시지도 않고. 뭐라고 생각하고 계시지 참 모르겠다는 생각이 드네요. 원래 엄마랑 친구처럼 지내는데, 그 얘기만 이렇게 쏙 드러내서 대화하는 느낌? 사실 집에서는 제가 생각 없고 마냥 해맑은 애라는 이미지가 있는데 제가 고등학교 1학년 때 검사했는데 거기에서부터 우울, 자살 징후가 너무 높다고 나와서 상담실에서 한 학기 동안 상담을 꼭 받으라고 했었거든요. 그런데 그때 집에서 "네가 무슨 우울증이야." 이런 식으로 넘어갔거든요. 그래서 가족들한테 말하는 게 저는 제일 큰일인 것 같아요. 내 상황을 가족들한테 말을 해도 되고 안 해도 되고, 이건 선택이지만 이 얘기만 쏙 빼놓고 대화하는 게 좀 이상하다고 느껴지기도 하고. 숨길 일도 아닌데 왜 숨겨야 하는 건지. 말 못하고 있는 나도 좀 웃기고. 오락가락하는 것 같아요.

태랑_ 성인이 되고 나서 보호자와의 관계는 그냥 옆집 어른 정도의 관계를 유지하는 게 좋대요. 그래서 힘들면 같이 아파해주고 좋은 일 있으면 축하해주고 떡도 돌리고. 충고는 할 수 있지만 서로의 선택이라고 생각하고 넘어갈 수 있는 정도의 거리감. 좋은 말을 해줘도 '옆집에서 이렇게 말해줬다.' 정도의 건강한 거리감 같은 거. 근데 그게 참 합의하기 힘들잖아요. 나와서 살면 저절로 되는 부분이 있기는 하지만 그래도 일 년에 몇 번은 연기를 해야 하고. 통화할 때도 저는 되게 연기를 많이 해요. 그냥 "다 괜찮아." 이렇게. 그래서 집에 전화할 때 한번 숨을 쉬고, 준비하고 해요. 그게 되게 슬플 때가 있어요. 그걸 제 탓이라고 생각하지는 않거든요. 보호자의 탓이라고도 생각하지 않아요. 사회적 압박과 환경이 영향을 줬겠지만 저희 보호자 세대는 또 그들의 보호자에게 말 못할 뭔가가 있을 거고. 각자 어느 정도 감수를 하고 살아가고 있지 않는가 그렇게 생각하는 편이죠.

하늘_ 저는 엄마는 말할 수도 있고 안 할 수도 있는데, 안 할 확률이 높고 언니는 다 알거든요. 그래서 제일 힘들 때 많이 의지하기도 하고. 베를린 갈 때도 힘들었는데, 엄마가 "하늘이 독일 왜 간대?" 이럴 때 언니가 "걔는 독일 가야 살아." 이렇게 말하고 "걔는 겨우 사는 애니까 건드리지마." 이런 식으로 언니가 다 말을 해줘서 그런 점은 좋아요. 가족 중에 한 명이라도 온전히 이해한다고 느끼는 사람이 있어서. 물론 그게 꼭 가족일 필요는 없다고 생각해요. 그래서 저는 언니가 저의 방패막이가 많이 되어주고 있어요.

태랑_ 이 얘기를 여러 사람한테 해주면 좋겠네요. '방패막이'라는 표현 처음 들었는데 엄청난 도움이 될 것 같아요. 듣는 사람한테도. 승민도 혹시 다른 사람에게 꼭 해주고 싶은 얘기 있으세요?

승민_ 자기가 불편하면 그게 맞다는 거. 누가 "너 불편한 거 맞아."라고 꼭 말해주지 않아도 그냥 내가 힘들면 힘든 거다. 그러면 행동을 취하셔도 충분하다고 얘기하고 싶어요. 저는 오늘 얘기하면서 '확신'이라는 키워드를 얻었어요. 사실 우리가 좀 더 나아질 거라는 확신이 없잖아요. 근거가 없잖아요. 근데 그게 되게 위로가 돼요. 예전에 저는 남한테 내가 이렇게 표현해도 되나, 스스로에 대한 확신이 없고 힘들고 우울해서 눈물도 많이 흘려보고 했는데 다른 게 아니라 '나'에 대해 하나하나 확신을 찾아가는 시간을 보냈던 거 같아요. 근데 근거는 없어요. 신기하게도 근거가 없는데, 그냥 내가 이렇게 불편할 수도 있다는 걸 받아들인 거죠.

승민은 오늘의 대화를 통해 나라는 사람도 그저 불편할 수도 있고 어딘가 힘들 수 있다는 '확신'이 생겼다고 거듭 얘기했다. "불편하고 힘들다."는 확신을 얻은 순간 오히려 내가 잘못된 게 아니라는 위안을 많이 얻었다고.

우울이 신체를 집어삼킬 때

은은
심각한 우울증과 불안장애, 자살 위험이 높으니
'혼자 있지 말아라.'라는 말을 들었다.

06 은의 이야기, 매일 힘을 쌓아서 끝까지 갈 거야

 아동 NGO 단체에서 사회복지사로 일하고 있는 '은'은 무드트래커 팀과 공통점이 많다. 아이들과 함께 체험과 교육하는 사업을 구상하는 은, 아이들을 교육하는 일을 하고 있는 선생님인 신희, 다나, 태랑은 그래서인지 초면인데도 불구하고 서로 친숙한 얼굴로 근황을 물어보며 대화를 시작했다.

 은_ 최근에는 너무 바빠서 주말 출근을 해야 하는 상황이에요. 애들이 더 바쁘거든요. (웃음) 애들은 평일에

절대 시간이 맞지 않아서, 주말에 활동하는 거죠. 지난주에는 아이들과 서울대공원에 갔다 와서 체력이 진짜 너무 떨어졌어요. 힘든 한 주였던 것 같아요.

다나_ 저는 다리를 다쳤어요. 다리 다치고 나니까 신호등도 너무 빠르고 계단도 너무 높게 느껴지고. 이런 불편함을 좀 마주하면서 지내는 것 같아요. 감정적으로는 요즘에는 기복이 많이 없어졌어요. 다행히도 잔잔한 날들을 보내고 있는 것 같아요. 수업하는 것도 많이 어렵지 않고요. 한때 수업하러 가기 직전에 공황 발작이 많이 왔거든요. 요즘에는 그런 것 없이 잘 수업하면서, 출근도 무리 없이 하고. 저를 잘 토닥이는 한 주를 보낸 것 같습니다.

태랑_ 저는 이사를 했어요. 짐 옮기고 정리하고 그런 일 하다 보니 일주일이 금방 갔네요.

신희_ 저는 힘들었어요. 지난 한 주는 일을 최대한 줄이고 집에서 많이 쉬었고요. 저를 위한 필기구도 사고, 예쁜 공책도 샀죠. 은 님은 우울증 진단은 처음에 어떻게 받으셨나요?

은_ 2020년쯤에 우울증이랑 불안장애가 심했어요. 혼자 있지 말라고 하더라고요. 지금 진짜 비상이라고. 이렇게 안내를 받았어요. 당시 다양한 측면에서 불안이 너무 심하다 보니까, 저한테 약이 너무 어려운 거였어요. 항상 비상약을 품에 안고 다니면서도 먹지 못했어요. 입에 넣어도 삼키지를 못했어요. 그땐 먹는 걸 힘들어했기 때문에. 그래서 상담을 되게 오래 받았어요. 그때는 대학생일 때라 나는 이 상태로 사회에 진출할 수 없을 거라고 생각했는데, 지금은 다행히 일을 하고 있어요. 지금은 제가 이 일을 하는 것만으로도 다행인 거라고 생각하고 있습니다.

다나_ 진단을 받기 전부터 증상이 있었나요?

은_ 2019년에 제가 휴학했는데, 쉬려고 휴학을 한 거거든요. 제가 학교를 진짜 바쁘게 다녔어요. 사람한테 너무 많이 치여서. 쉬고 싶어서 휴학을 했는데 너무 지원하고 싶은 회사에서 인턴 제안이 온 거예요. 그걸 거절을 못했어요. 그래서 11개월 동안 인턴으로 회사를 다녔는데 그때 저를 유독 싫어했던 분이 있었어요. 제가 그때 진짜 어렸거든요. 23살이요. 그런데 본사 중요한 부서에 막내인 인턴으로 들어갔더니, 다들 너무 예민하고 데이터 하나하나에 난리가 나는 거예요. 나는 아무것도 모르는데. 저는 그때 엑셀 할 줄도 몰랐거든요. 근데 엑셀을 던져주고 "이게 전국에 있는 후원금 데이터베이스고 네가 이걸 관리해야 돼." 이렇게 한 거예요.

  다나_ 어떤 걸 관리하신 거예요?

  은_ 후원금을 유치하기 위한 데이터예요. 한 줄 한 줄 틀리지 않고 뜯어서 분석해야 하는 거예요. 제가 너무 많이 쪼인 거예요. 특히 한 사람에게 많이 쪼였어요. 그 사람이 책임자였고 내가 막내였으니까 그 사람은 "왜 통계가 별로야?" 그러면 그냥 나부터 쳐다보게 되는 거죠. 진짜 힘들었거든요. 지금 생각해보면 이해는 가요. 내가 답답했겠지. 근데 아무도 나한테 기초적인 걸 알려줄 수 있는 사람이 없었어요. 그냥 모두 한껏 예민해져 있는 상황이었어요. 공개적인 자리에서 망신도 많이 주고. 너는 인턴이니까 야근은 하면 안 돼. 근데 집에서 해와. 이런 식으로도 얘기하고요. 그냥 갑자기 물어봤는데 3초 안에 답이 안 나오면 정신 똑바로 안 차리냐고 소리를 막 지르고요. 그런 게 되게 심했어요. 근데 그때는 그냥 제가 못해서 그런 거라고만 생각했어요.

  태랑_ 너무했네요.

은_ 뭘 어떻게 잘해요, 23살이. 그렇잖아요? 근데 그때는 그런 경험도 없고 그냥 내가 너무너무 못한다는 생각만 있었죠. 그래서 맨날 집에 가서 울면서 개인 노트북으로 엑셀 뜯고 있고, 그런 시간을 11개월 내내 보낸 거죠. 저를 괴롭히던 분이 히스테리도 심했어요. 예를 들어 커피를 사 오라고 해요. 근데 뭘 사 오라고는 말을 안 해. 그냥 사가야 하는데 그분이 좋아하는 게 몇 개 있어요. 그러면 그날 그분의 기분에 맞춰서 사야 했어요. 그분이 '아아(아이스 아메리카노)'인지 '아바(아이스 바닐라라테)로 덜 달게'인지, '프라푸치노'인지, 내가 알아서 사가야 하는데 그게 아니다 하면 또 난리가 나는 거예요. 그러면서도 "네가 잘하면 내가 이렇게 말 안 하잖아." 이런 식이었어요. 사실 모두가 나를 괴롭힌 게 아니거든요. 한 사람이 유독 나를 싫어했을 뿐이지. 다른 선배들이랑 내 또래 언니들이랑 다른 분들은 많이 도와줬는데 사실 그게 중요하겠어요? 내가 힘든 게 중요하지. 그런 시간을 보내다 그 분이 다른 곳으로 발령이 났어요. 그런데도 그 회사에 입사를 너무 하고 싶었어요. 그렇게 11개월이 끝나고, 후임 인턴도 들어와서 가르치고. 그때는 힘들었지만 좋은 경험으로 끝났다고 생각했죠.

신희_ 계약 기간이 끝나서 퇴사하게 된 건가요?

은_ 네. 12월에 퇴사를 하고 여행을 갔어요. 호주에서 3주 동안 진짜 신나게 놀고, 먹고 싶은 거 다 먹고. 뿌듯하고 너무 잘한 것 같고. 그렇게 여행에서 돌아왔는데 긴장이 풀리잖아요. 갑자기 너무 세게 아픈 거예요. 아픈 게 낫지를 않고 살이 그때 37kg까지 빠졌어요. 한 번에. 한 번에 37kg까지 빠지면 못 일어나요. 초등학생 몸무게잖아요. 못 일어나요. 침대에 누워 있다가 일어나는 게 너무 힘들고 한번은 걸어가다가 핑 돌아서 바닥에 주저앉았는데, 문제가 거기가 횡단보도였던 거예요. 너무 위험하잖아요. 다시 일어나서 거의 기어가다시피 인도로 올라오고. 그런 날들이 반복되니까 모두가 나를 걱정하기 시작하더라고요. 근데 그때까지도 그냥 여행 갔다 와서 힘든 거라고 생각했어요. 그런데 갈수록 증상이 심해지는 거예요. 살이 빠지면서 악몽도 꾸면서 못 자고 못 먹고 다 게워 내니까. '이게 뭐지?' 싶어서 병원에 갔어요.

다나_ 병원에선 뭐라고 하던가요?

은_ 큰 병원에서 종합검진을 받았는데 모든 게 다 망가진 거예요. 소화도 안 돼. 간 기능도 완전 상실이라고 해. 피도 안 돌고. 검사하려면 피 뽑아야 되잖아요. 그때는 피를 뽑는데 충분한 양이 안 나왔어요. 혈관도 붓고, 빨갛게 부어오르고.

병원도 여러 군데 돌아다녔어요. 그때 너무 힘들었던 게, 임신에 대한 불안증도 갑자기 너무 심해졌어요. 몸이 아파서 비상 상황이면 원래 월경을 안 하잖아요. 그런데 생리를 안 하니까 갑자기 설마 임신인가 싶어서 너무 심각해져서 잠을 못 자는 거예요. 불안이 제일 심할 때는 매일 산부인과 갔어요. 그러면 피 뽑아서 임신 검사 해주거든요. 그걸 매일 했어요. 불안하니까. 내가 아니라는 걸 증명을 받아야만 하는 거예요. 문제는 스스로 그 유효 기간이 24시간인 거죠. 그러니까 그 시간이 지나면 또 가야 하는 거예요. 임신 검사도 하루 뒤에 알려주는 곳도 있고 두 시간 뒤에 알려주는 병원, '패스트'라고 해서 30분 뒤에 결과가 나오는 데도 있어요. 그러면 저는 빠른 곳을 찾아서 가는 거죠. 집이 부평인데도 주말에 여의도까지, 신촌까지 가고. 그 짓을 하면서도 내가 정신적으로 문제가 있다는 생각을 안 한 거예요. 한번은 산부인과 선생님이 혹시 정신과는 가봤냐고 물어보더라고요. '갑자기 그런 얘기를 왜 하지?' 그랬는데 제가 이야기하는 게 되게 불안해 보인다는 거죠. 몇 번 갔던 병원이었어요. 그 의사 선생님이 사실 지금 임신을 하려고 해도 할 수 있는 몸이 아니다, 이 몸으로 단순히 월경을 안 한다는 이유로 불안해서 이렇게 검사를 많이 받는 건 정신적인 문제일 수 있으니 혹시 정신과에 가서 상담을 받아보는 게 어떠냐고 하는 거예요.

태랑_ 정신건강의학과에서는 뭐라고 하던가요?

은_ 심각한 우울증이랑 불안장애, 그리고 아까 말했듯 혼자 있으면 자살 위험이 너무 높으니 '혼자 있지 말아라.'라는 말을 들었죠. 약도 응급약을 가지고 다니고, 정기적으로도 약을 먹었으면 좋겠다, 전문적인 상담 센터에 찾아가라고도 했고요. 모든 게 비상이었고, 모든 게 멈춘 거죠. 제 인생에서. 그래서 엄마한테 일단 얘기를 했어요. 저는 가족과 같이 살고 있었기 때문에 상태를 숨길 수가 없었어요. 그러다 보니까 엄마한테도 솔직하게 얘기할 수밖에 없었어요. 말씀을 드렸는데 이해하기 힘들어 하시죠. 남자친구가 다행히 상담센터를 알아봐 줬어요. 제가 상담센터를 찾아보고 이럴 겨를이 없었기 때문에. 그래서 상담센터에 갈 수 있었고 거기서 상담을 받기 시작했어요.

신희_ 상담을 받은 후에 달라진 점이 있나요?

은_ 운동을 시작했어요. 애초에 37kg이라는 상태로 살아갈 수가 없었기 때문에. 뭘 먹을 수도 없어요. 일단 걸어 다니기가 힘들기 때문에, 앉았다 일어났다 하는 운동부터 시작해서 요가, 필라테스, 헬스, 이런 거 다 해보면서 트레이닝 받아보고 하면서 몸을 건강하게 키우려고 노력한 거예요. 다행히 헬스에 취미가 붙어서 아직 매일 아침 운동을 하거든요. 그게 나아질 수 있었던 계기 같고, 주변에서 진짜 많이 도와줬어요.

태랑_ 정말 다행이네요.

은_ 저는 혼자 있으면 안 되는 상황이었기 때문에 부모님이 어쩔 수 없이 집 밖에 있는 날에는 무조건 친구를 불렀어요. 이야기할 수 있는 소수의 사람들이 있었거든요. 다행히 동네에서 오래 알고 지낸 친구라든지, 친한 동기들이 길이 멀어도 와서 우리 집에서 같이 자주고 내가 새벽에 막 울면 옆에서 달래주고, 그 말도 안 되는 피검사를 하러 병원에 같이 가고 이랬어요. 걔네 보면서 버텼죠. 솔직히 혼자였으면 못했을 거고. 그렇게 해서 점점 그래도 사람처럼 됐어요. 상담 선생님이랑 얘기하고, 친구들이랑 얘기하고, 남자친구랑, 엄마랑 얘기하고.

신희_ 지금은 많이 좋아진 거 같으세요?

은_ 근데 이게 사실 끝이 없어요. 끝이 없는 일인 것 같아요. 제가 맨 처음에 상담할 때 했던 말이 있어요. 내 방에 진짜 엄청나게 악취가 나는 뭔가가 있는데, 그게 이불로 덮어도,

방향제를 뿌려도 냄새가 사라지지 않는다. 내가 평생 이런 냄새를 가지고 가게 되면 어떡하냐. 아무리 환기를 하고 가리려고 해도 안 된다. 나는 이게 평생 안 될 것 같아요, 선생님. 그런 말을 했어요. 그랬더니 선생님이 어떻게 1, 2년 안에 되겠냐고. 평생 해도 안 될 수도 있다, 그냥 집에 있는 건가 보다 하고 살아야 할 수도 있다, 그런 이야기를 해 주셨거든요. 그때는 그게 너무 절망적인 거예요. 내가 평생 극복하면서 살아가야 한다니.

신희_ 공감이 가요. 저도 처음 상담받았을 때, 지금 심리상태를 묘사해 보라고 하셨거든요. 그때 어두컴컴하고 습한 공간에 돌로 쌓인 우물이 있는데, 그 우물 안으로 물이 한 방울 한 방울씩 떨어져서 나중엔 물이 넘쳐서 제가 신고 있는 신발과 양말을 기분 나쁘게 적시는 그런 상태라고 표현했던 게 기억나요.

은_ 그때는 그게 너무 힘들었는데 다행히 요즘엔 바쁠 땐 생각이 나지 않아요. 힘들 때는 생각이 나죠. 얼마 전에는 출근하다 예전에 회사에서 저를 괴롭혔던 그 과장이랑 너무 닮은 사람을 본 거예요. 그래서 순간 바로 뒤돌아서 도망을 갔어요. 너무 무서워서. 이렇게 힘들었던 시기를 떠올리게 하는 순간이 가끔 있어요. 그리고 가끔 꿈을 꾸고요. 그럼 이제 그날은 좀 힘들고. 그래도 많이 나아진 거라고 생각해요. 완전히 나아진다는 개념은 없죠. 완전히 나아지는 건 망각한다는 건데. (힘들었던 순간을) 망각할 수 없다는 게 곧 완전히 나아질 수는 없다는 거니까, 일단 완전히 나아진다는 기대는 버렸어요. 제가 가만히 있으면 생각이 진짜 많아서 빠져나올 수가 없어요. 그래서 의식적으로 바쁘게 사는 것도 있고, 어떤 공간에 혼자만 있는 걸 좀 힘들어해요. 혼자만 있을 때 안 좋은 생각들을 많이 하는데 그게 학습이 돼서 그런 것 같기도 한데, 그렇다고 많은 사람한테 둘러싸여 시끄러운 건 또 예민해서 힘들기 때문에 혼자 돌아다니는 거 좋아하고, 이렇게 소수로 얘기하는 건 좋아하고. 평생 이런 성격으로 살지 않을까 싶기는 해요. 그래도 저는 제가 이렇게 일상생활을 하게 될 줄도 몰랐고 이렇게 처음 보는 분들한테 이 얘기를 할 수 있을 줄도 몰랐어요. 그래서 '이제 사람 됐다. 많이 컸다.' 싶어요. 일단 운동이라는 굉장히 건강한 취미를 찾았다는 게 좋은 소득이고요. 주변에 크고 작은 우울증을 앓는 친구들이 많은데 애들이 말을 못해요. 그렇지 않아요?

신희_ 맞아요.

은_ 다들 말을 못해요. 말 못하는 친구들을 꺼내주는 역할을 하려고 노력하고 있어요. 특히 친한 친구면 보이잖아요. 이 친구가 지금 진짜 힘든 시기를 보내고 있구나. 얘 진짜 지금 좀 위험하구나. 알잖아요. 내가 겪어봤으니까. 그러면 이제 그 이야기를 친구가 꺼낼 수 있게 해준다든지 도움을 요청했을 때 실질적인 방법을 알려주려고 해요. 제가 얘기해서 정신과나 상담센터에 가게 된 애들이 좀 있어요. 사회복지학과라 그런지 모르겠는데 주변에서 저한테 얘기를 많이 하는 것도 있어요. 그럴 때 힘들었겠다, 감기에 걸렸을 때 이비인후과에 가는 것처럼 정신과에 가야 한다, 이런 이야기라도 해주려는 노력을 많이 하고 있어요. 생각보다 주변에 많아요. 공황이랑 불안이. 진짜 많은데, 스스로 잘 모르는 것 같아요. 모르면 안 되는 건데 말이죠. "네가 특별한 게 아니다. 나도 그렇다." 이런 얘기를 주변에 많이 하려고 해요. 그런데 아직 남아있는 증상도 있어요.

신희_ 어떤 증상이 있나요?

은_ 제가 청각이 진짜 예민하거든요. 그래서 사무실에서 지금 누가 누구랑 어떻게 얘기를 하고 있고, 누가 뭐 하고 있는지까지 다 들려요. 그러니까 그만큼 눈치가 빠르고 상황 파악이 빠른 것도 있는데 물론 좋을 때도 있지만 진짜 피곤하거든요. 진짜 피곤해요. 문제가 피곤해지면 예민한 부분이 더 아프거든요. 예를 들어 방금 오토바이가 지나갔잖아요? 저 소리 하나에도 상태가 안 좋을 땐 진짜 힘들어해요. 울어요. 그래서 지하철 타는 걸 힘들어해요. 작은 생활 소음에도 엄청 예민해지고, 그거에 따른 증상도 심해져서 상태가 안 좋을 땐 귀에 물 들어 갔을 때처럼 잘 안 들리고. 사람이 극도로 예민해지면서 못 먹거나 못 자거나 그래요. 사실 이게 요즘 고민이긴 해요. 이비인후과에 가야 하나, 혹시 귀에 문제가 있는 건가. 검색해 보니까 '청각과민증'이라는 증세가 있대요. 대부분 원인이 스트레스라고 하더라고요. 증상을 보면 저랑 비슷해요. 사람이 내는 생체 소음에 특히 예민한 사람이 있대요. 기침, 재채기, 하품 같은 소음이요. 제가 그런 거 들으면 찡그리거든요.

다나_ 감각이 되게 신기한 게 저는 평소엔 괜찮다가 공황 증상이 있으면 오토바이 소리가 귀에 꽉 차게 들려요. 그럼 이제 공황이 확 오는 거예요. 다른 소리는 괜찮은데, 오토바이 소리, 빗소리, 몇 가지가 저를 자극해요. 신기하게도 진짜 귓가 옆에 때려 박는 것처럼 소리가 들려요. 저는 되게 무딘 사람이라고 여태껏 생각하면서 살았는데도. 사실은 내가 예민한 사람이구나. 그래서 자극을 피하는 게 나한테 도움이 되겠다는 것을 알게 된 거죠.

태랑_ 스스로 자기 상태를 알고 있다는 게 중요한 거 같아요.

은_ 저도 스스로 알고 판단할 수 있는 힘이 생긴 거라고 생각해요. 청각 외에는, 소화 기관이 한 번 망가지면 회복이 힘들거든요. 그래서 지금 밀가루, 우유는 아예 못 먹어요. 소량이라도 들어가면 아파요. 근데 우리나라에서 밀가루 안 먹고 살기가 힘들어요. 식당 가기 진짜 힘들거든요. 다행히 회사가 도시락 문화가 있어서 그냥 그런 거는 적응해 나가면서 살고 있는데 그래도 느껴요. 내가 진짜 예민하다는 거. 나랑 가까운 사람들이 나를 대하기가 힘들겠다, 나랑 가까이 지내기가 좀 힘들겠다, 이런 생각을 하죠. 가족들이랑 남자친구한테 미안하고요. 남자친구랑 5년 만났거든요. 그러다 보니까 거의 가족 같아요. 그런 가까운 사람들한테 미안하죠. 나를 가까이에 두는 것 자체가 되게 피곤한 일이겠다는 이런 생각도 하고요.

다나_ 아닌 거 알죠?

은_ 지금은 나름대로 적응해서 좋아하는 거 찾으면서 살고 있어요. 아까 말한 운동으로도 스트레스 풀고, 그림 그리면서 자아실현을 하고 요즘에는 공부하고 싶은 게 좀 생겨서 대학원에 갈까 이런 생각이 들어서 그런 것도 알아보고 있고요. 아픔을 어느 정도 극복하고 난 다음에는 나아가고 싶은 욕구가 엄청 커진 것 같아요. 더 나은 사람이 되고 싶고, 뭔가 더 하고 싶고, 성공하고 싶고. 이런 게 되게 커진 것 같아요. 문제는 그만큼 강박이 좀 있어요. 그거 고치는 거 진짜 힘들어요. 회사 다니면서 많이 배우고 있어요. 저는 학교 동기들이랑 놀듯 동료들이랑 놀고 그러거든요. 주변에 좋은 사람이 많아요. 저는 진짜 인복 아니었으면 이미 죽었다고 맨날 그래요. 그걸 진짜 많이 느껴요. 엄마, 아빠가 나에게 금수저를 주지는 못했지만 인복을 준 것 같다는 그런 얘기도 하고.

다나_ 저도 언제부터 시작됐는지 모르겠지만 우울과 공황장애가 지금 있는데, 제 삶에는 지우고 싶은 기억이나 되게 힘든 그런 기억도 없는데 어느 순간부터 증상이 나를 짓누르고 힘들게 하고 있단 말이에요. 지금은 많이 좋아져서 약도 이제 줄여가고 있지만. 이런 것들이 말씀하신 것처럼 없어지고 완치되고 이렇다기보다는 그냥 내가 앞으로 나아가는 느낌을 받는 게 중요한 것 같아요. '치료해서 완전히 나을 거야.' 이게 아니라 내일은 조금 나아지고 또 하루 더 괜찮아지고, 오늘 하루 좀 괜찮게 지냈으면 '오늘은 괜찮았구나.' 인정하고. 이렇게 할 수 있으면 좋겠다는 생각이 들어요.

은_ 다리가 부러지면 붙으면 되잖아요. 근데 마음에는 그런 게 없다 보니까 완치의 개념이 어디 있나 싶어요. 그런 건 없는 것 같아요. 그건 없는 것 같고, 그리고 어디서부터 그런 게 시작됐는지 잘 모른다고 하셨잖아요. 근데 그 어디서부터 시작됐는지 아는 게 좋을 수도 있는데 안 좋을 수도 있어요. 왜냐하면 저는 그걸(원인) 아는 순간 더 심해졌거든요. 아는 순간 진짜 터졌단 말이에요. 시발점을 안다는 게 진짜 내 밑바닥을 보는 느낌이고 정말 나를 뒤집어 까서 헤집어야 발견할 수 있는 거기 때문에… 그냥 사람마다 차이가 있는 것 같아요. 직면하고 헤집어서 나아가고 싶은 사람도 있고 그게 필요한 경우도 있는데, 그렇지 않고 그냥 어떻게 살다 보니까 조금 자연스럽게 딸려 오듯 그렇게 나아질 수도 있는 거고요. 얘기한 것처럼 나아가는 게 중요한 것 같고 그거 자체로 인정하는 게 중요하단 생각이에요. 극복이 아니라, 스트레스 해소법 찾는 게 제일 중요한 것 같고요. 왜냐하면 하루하루 그런 힘들이 쌓여야 하거든요.

다나_ 다들 스트레스는 어떻게 해소하시나요?

신희_ 전 글 쓰는 걸로 풀고 있어요.

태랑_ 매일 커피를 마시는 시간을 놓치지 않으려고 하고 아무리 바빠도 일기는 꼭 쓰려고 해요. 또 캘린더를 되게 자주 보는데 기록한 일정을 보면서 제가 그냥 허투루 시간을 보내지 않았다고 생각하고. 지난 일정들 보면서 '이걸 다 해냈네' 이런 생각들이 좀 버틸 수 있게 하는 것 같아요.

은_ 저는 일단 운동을 해야 하고요. 온 세상에 나랑 운동과 음악밖에 없어야 해.(웃음) 저는 도움이 진짜 많이 됐어요. 저는 잡생각이 많은데 운동할 때는 지금 내 몸 아프고 힘든 것밖에 생각이 안 나고, 땀밖에 안 나고. 해소가 되는 것 같아요. 다른 사람들은 아직도 왜 이렇게 말랐냐, 아파 보인다는 소리를 지금도 하지만 나는 내 변화를 알고 내가 봤으니까 나는 평생 운동을 해야겠다는 생각을 많이 했어요. 그리고 루틴. 아침에 운동하고 출근해서 과일 먹으며 뉴스레터 읽고, 업무 정리하고. 그리고 반드시 칼퇴해서 집에 가서 저녁을 먹는다, 이런 루틴을 지키는 거.

다나_ 저는 뜨개질 가끔 해요. 근데 요즘에는 뭐 하는 거 없이 그냥 누워서 눈 감고 있기만 해서… (웃음)

은_ 이런 모임을 가지는 것도 스트레스 해소법 아닐까요?

이야기를 할 수 있으니까.

다나_ 맞아요.

은_ 제가 상담을 처음 갔을 때 제 감정에 대해 "방에 냄새나는 뭔가가 있고 냄새가 안 가려진다. 평생 냄새가 날 것 같다." 이렇게 말했다고 했잖아요. 사실 한동안 제가 그런 표현을 했다는 걸 잊고 있다가 최근 한 친구한테 상담받으러 가보라고 얘기하면서 제 얘기를 꺼내다가 다시 그 표현에 대해 생각을 해봤거든요. 사실은 똑같아. 아직 그 존재가 사라진 건 아니에요. 사라진 건 아닌데 옛날에는 24시간 내내 악취가 떠나질 않고 그것 때문에 머리가 너무 아프고 골이 흔들릴 정도였다면 지금은 정신이 없기 때문에 냄새가 안 느껴지는 날도 있고, 어느 날 향기로운 꽃 선물을 받아서 냄새가 덮힐 때도 있고. 어느 날은 유독 심할 때도 있고. 왔다 갔다 하는 것 같아요. 이제는 지내다 보면 냄새가 안 나는 날이 조금 더 많아지지 않을까 생각해요. 이미 일어났고 내가 겪어버린 사건인 걸 어떻게 해.

태랑_ 그럼 힘들 때 위로가 됐던 말이 있을까요? 저는 그냥 학생들이 던지는 농담이 위로가 될 때가 있거든요.

은_ 맞아요. 뜬금없는 게 위로가 될 때가 있어요. 근데 좋은 위로를 전달하기도 어렵고 좋은 위로를 받기도 어려운 것 같아요. 자칫하면 예의 없어지고 자칫하면 선을 넘고, 자칫하면 불쌍한 사람이 되어 버리잖아요. 그래서 저는 담담한 말들을 조금 더 좋아하는 것 같아요. 제가 불쌍하다, 안쓰럽다, 너무 말랐다, 아파 보인다, 이런 얘기를 너무 많이 들어서 그런 걸 수도 있는데 누가 날 불쌍하게 보지 않았으면 좋겠어요.

다나_ 그럼 제일 듣기 싫었던 말 있어요? 혹시?

은_ 때리면 부서지겠다. 그런 말들이 진짜 제일 예의 없다고 생각했어요. 저는 근데 그런 류의 말을 너무 많이 들어서. 진짜 "치면 부서지겠다." 이런 말 되게 많이 들었고 제가 못 먹는 게 많다 보니까 식성에 대해 설명하기가 힘들어요. 특히 어르신들한테 말하기 진짜 힘들어요. 왜 밀가루를 못 먹는지, 왜 우유를 못 먹는지, 왜 빵을 안 먹는지. 또 자신만의 시선으로 무례하게 평가하는 말이나 "거식증이야?" 이런 말이 듣기 힘들었죠.

다나_ 정말 무례하다.

은_ 그런 거랑 요즘 그런 표현들 많잖아요. '개말라 인간' 그런 것들. 그런 말이 제일 힘들었어요. 저한테 다이어트 어떻게 하냐고 물어보는 사람이 그렇게 많아요. "내가 다이어트를 한 적은 없고 난 증량한 거다." 이렇게 말하면 이해 못하죠. 그러면 설명하지 않습니다. "굶어." (웃음) 이렇게 얘기하고 말 안 해요. 그런 식으로 자기만의 기준으로 평가한 뒤에 그 안에서만 도는 질문들이 있어요. 그런 질문들이 되게 힘들어요. 특히 겉모습으로 판단해서 들어오는 질문들이 워낙 많다 보니까.

태랑_ 저는 건선이 심해서 흉터가 팔에 있었어요. 음식점에서 "너 이런 거 자꾸 먹으면 저 삼촌처럼 된다." 이런 얘기 들은 적 있어요. 많이 들었어요. 아이가 제 흉터를 보고 "엄마 무서워." 이래서 이제 자기 애랑 자리 바꿔주는 사람도 많이 있었고. 저는 근데 "이런 거 자꾸 먹으면 저 삼촌처럼 돼." 그러면 고개를 끄덕였어요. (좌중 웃음) 근데 속은 막 무너지죠.

신희_ 그런 말 들으면 많이 힘들 것 같아요.

다나_ 저는 "안 그래 보이는데. 되게 괜찮아 보이는데." 이렇게 말하는 거도 너무 무례하다고 생각해요.

은_ 무례하죠.

다나_ 뭘 알아. 나에 대해서?

은_ 이미지랑 다르네, 이거잖아요.

다나_ 맞아요. 평소 밝아 보이는 건 내 에너지를 써서 노력하고 있는 건데 나에 대해서 알아달라고 하지도 않았는데 그냥 "안 그래 보였는데 그렇다면서요." 이렇게 얘기하고 진짜 너무 별로예요.

신희_ 너무 무례하다.

은_ 솔직히 누구나 다 가면을 쓰고 살잖아요. 가면을 안 쓸 수가 없대요. 그걸 화장하는 거라고 비유하면, 내가 원하는 방향으로 화장하는 건 문제가 안 되는데 중요한 건 잘 지울 줄 알아야 한대요. 집에 가서 딥 클렌징을 하고 잘 쉴 수 있어야 한다고 하더라고요. 그걸 못 지우고 화장한 거 위에 또 화장하고 또 화장하고 또 화장하면 피부가 상하는 것처럼, 그렇게 가면 위에 가면 위에 가면, 이렇게 사는 게 아니라 집에 가서는 벗고, 숨 쉬고, 다시 필요하면 쓰고. 이걸 자유롭게 왔다

갔다 할 수 있어야 한다고 말하는데 와닿았어요. 왜냐하면 한동안 고민이었거든요. '나 너무 가식적인데.' 이렇게 생각하면서 살아서.

신희_ 저도 하루 끝내고 집에 들어와서 가면을 벗는 의식이 있어요. 오늘 기분은 어땠는지 짧게 한 줄이라도 적고요. 쓰고 나면 좀 괜찮아지더라고요.

은_ 그런 의식이 필요한 거 같아요.

태랑_ 우울할 때는 순간 멍해지는 경우가 있거든요. 대화하다가도 갑자기. 그냥 여기를 떠나는 순간들이 있어요. 그래서 친한 사람들하고 같이 갔던 여행에서도 제가 우울증이 좀 심한데 중간에 얘기하다가 잠깐 멍때릴 때가 있다. 몇 분 안에 돌아온다는 이런 얘기를 하죠. 저는 우울한 거는 크게 문제가 안 되고 기분이 날뛸 때가 되게 힘들거든요. 그래서 저는 침잠하고 조금 우울한 상태가 그냥 제 상태라고 생각해서, 그러면 좀 덜 괴로워요. '오늘도 뭐 그러네' 그런데 갑자기 기분이 올라갔다 떨어지면 격차 때문에 너무 힘드니까 일도 손에 안 잡혀요.

은_ 잠깐 떠났다가 온다고 했는데 저는 잠깐 안 들려요. 아무것도. 물속에 이렇게 가라앉아 있는 것처럼 지속이 되거든요. 그러면은 멈춰야 돼요. 모든 걸. 왜냐하면 어차피 아무것도 못해요. 그랬을 때 금방 잘 빠져나와서 다시 걸어갈 수 있어야 하잖아요. 이런 딜레이를 극복하는 방법도 있어야 하잖아요. 그거를 찾기가 좀 힘들더라고요. 뭔가 마법의 주문을 걸어서 '뿅' 하고 다시 '짠!' 이게 됐으면 좋겠는데 사실 그게 어떻게 되겠어요. 그건 안 돼. 버텨야 돼. 그래서 저도 똑같이 말해요. 내가 잠깐 멍을 때리면 안 들리는 것이니 옆에서 "괜찮아?"라고 물어봐도 못 들을 거다. 그냥 가만히 좀 있어주면 좋겠다고.

태랑_ 재부팅 할 시간이 좀 필요하죠. 그리고 이제 딱 집에 도착해서 저는 보통 바로 씻거든요. 그러면 이제 '집 버전'이 되는 거야. 바로 씻고, 이제 쉴 때의 내 상태가 되는 거죠. 안전모드라고 해야 하나. 그러면 이제 좀 괜찮아지거든요.

은_ 저는 직업 특성상 굉장히 생글생글 말 많이 해야 되고 회의 많이 해야 되고, 발표 많이 해야 되고. 그거를 유지하는 게 진짜 힘들 때가 있어요. 그리고 팀에서의 역할이 또 좀 그런 역할이에요. 다크한 역할이 아니고요. 사실 다크한 역할이 없어요. 다 너무 시끄럽고, 신나서 지금 기획 회의를 해야 하고. 그래서 그런 분위기를 맞추는 게 힘든 날이 있어요.

  신희_ 컨디션 안 좋은 날은 맞추기 쉽지 않을 것 같은데요.

  은_ 그래서 가끔 생각해요. 내가 이미지 메이킹을 잘못 했다. (좌중 웃음) 피곤하다. '애초에 무뚝뚝한 애였는데, 오늘은 기분이 좋네?' 이렇게 갔어야 하는데. 이거 내가 잘못했다. 내가 사회생활 잘못했다, 그런 생각을 좀 하고 그래서 요즘 바빠서 조용히 있었더니 본부장님이 불러서 무슨 일 있냐고 물어보는 거예요. 그것도 싫더라고요. 왜 물어보는지.

  다나_ 저도 너무 힘든 날엔 저도 모르게 반응을 대충 할 때가 있어요. 그러면 애들이 바로 알아요. "선생님 오늘 왜 이렇게 기계적이에요?" 그러면 정신이 확 들어요. "아이고, 내가 그랬어?" 진짜 애들은 바로 알더라고요.

  은_ 다들 공감 하겠지만 애들을 만나는 직업이라 다행이라는 생각 많이 해요. 좋은 것들을 많이 듣고 많이 보고 힘이 나는 순간들이 많고 사랑을 받잖아요. 그 친구한테는 그냥 간식 먹고 싶어서 하는 말일지라도. (웃음) 어쨌든 사랑을 받으니까 저는 되게 좋은 것 같더라고요.

다나_ 그런 거 받으면서 이제 또 살아가는 거죠.

신희_ 앞으로 언제 인연이 닿을지 모르는 아이인데 "선생님 너무 좋았다. 우리 언제 또 볼 수 있냐." 이렇게 말 한마디 해주는 거 너무 큰 에너지가 되더라고요.

은_ 나한테 고맙다고 하는데 사실은 내가 더 고마워요. 얘가 왜 나한테 고맙다고 하는지 모르겠고 그냥 내가 더 고마워.

모두_ (공감하며) 맞아요.

다나_ 혹시 평소 감정을 기록하거나 남기기도 하나요?

은_ 일기를 썼었는데 어느 순간 제가 완성해야 한다는 강박이 너무 세지더라고요. 그러니까 '글을 예쁘게 잘 써서 책처럼 만들어야겠다.' 이런 생각이 엄청 강해지고 압박을 느끼는 거예요. 그게 안 좋은 것 같아서 일기는 안 쓰게 됐지만 상담받을 때는 정말 매일매일 썼어요. 오늘은 어땠고 오늘은 무슨 얘기 했고, 오늘 무슨 얘기할 때 힘들었고, 오늘은 내가 이 얘기를 할 수 있었다. 이걸 기록하는 게 도움이 좀 많이 됐었던 것 같아요. 지금은 손으로 쓰거나 문자로 쓰는 게 아니더라도 그냥 내가 나한테 얘기하거나 카톡으로 누구한테 얘기하는 것도 그냥 하나의 기록이라고 생각해서 유독 힘든 일이 있을 때는 남자친구나 친구한테 내가 오늘 이러저러 했는데 지금 너한테 얘기하면서 생각해 보니까 이러이러한 것 같다고 그렇게 좀 정리하는 편이에요.

태랑_ 강박을 자극하는 것들을 현명하게 잘 피하시는 것 같아요.

은_ 강박이라는 게 진짜 애매하고 어려운 것 같아요. 어디서 또 어떻게 생길지 모르니까요.

신희_ 살면서 강박이 점점 많아져요. 이렇게 사는게 맞나 싶기도 하고.

은_ 맞아요. 어떤 건 좋은 습관이 되기도 하고. 근데 저는 회사에서 하는 행정 업무가 진짜 많거든요. 행정 업무는 강박적으로 해야 하잖아요. 그래서 집에서는 그런 걸 안 하려고 해요.

태랑_ 예민하다는 게 과연 뭘까. 어쨌든 자극은 다 똑같이 받는데 그걸 어느 정도 수용하느냐에 다른 거잖아요. 뇌는 다 파악하고 있는 거고, 지금 내가 보고 있는 건 엄청나게 많지만 내가 보는 것만 보이고. 감정이라는 것도 엄청난 감정들을 한꺼번에 느낄 텐데 결국에는 거기에 이름을 어떻게 붙이고 있느냐의 문제잖아요. 근데 저는 그 결론을 '우울'로 붙이고 있었나 이 생각을 요즘 하고 있거든요. 사실은 기쁜 적도 많고 깔깔대면서 웃은 적도 많은데 그거는 그냥 다 삭제해버리고 '나는 우울한 사람이라고 진단 받았으니까.' 이런 느낌으로 살고 있나. 그게 나한테 좋을까? 나중에 제가 지금의 나를 봤을 때 암흑으로만 기억하지는 않았으면 좋겠거든요. 여러분도 그러지 않았으면 좋겠고요.

은_ 나중에 지금의 내가 마음에 들기 위해서 해야 하는 많은 것들이 있는 것 같아요. 그러려고 저는 매일 루틴을 지키면서 좋아하는 것들을 하는 거고. 우리 어쨌든 나아지고 있다고 했잖아요. 그만큼 힘이 있으니까 나아지는 거거든요. 힘이 세요, 아파 본 사람은. 그러니까 생존한 거고 한 단계씩 나아지는 거고, 다른 사람이 볼 때는 약해서 우울증 같은 것도 겪는 거라고 이렇게 말할 수도 있겠지만 아니거든요. 힘이 굉장히 세. 힘이 굉장히 센 사람이야. 우린 그걸 알아야 되고요. 어쨌든 좋은 위로를 해줄 수 있는 사람은 나 자신인 것 같아요. 내가 나한테 말을 해주는 게 제일 힘이 센 것 같아요.

일련의 많은 일들이 합쳐져 지금의 내가 된 거라고 생각한다는 다나의 말에 은이 덧붙인 말을 끝으로 이날의 대화를 마무리했다. "지금의 내가 마음에 들면 조금 더 괜찮아질 것 같단 말이지. 그래서 지금은 내가 '내 마음'에 드는 게 중요해요." "우리는 힘이 세다"는 말을 주문처럼 끌어안고 네 사람은 각자의 일상으로 돌아갔다.

매일 힘을 쌓아서 끝까지 갈 거야

"어느 날 문득 '나 우울한 것 같아', '요즘 왜 이러지?'
생각하는 당신에게 이 책이 닿기를 바란다."

에필로그

인터뷰이 7명과 인터뷰어 3명. 우리 10명은 모두 우울증 환자다. 우울증 환자이기에 서로의 얘기를 왜곡하지 않고 들을 것이라고 믿고 솔직한 이야기들을 나눌 수 있었다. 다나, 신희, 태랑은 인터뷰할 때마다 '다음 인터뷰이에게 전하고 싶은 말이나 질문이 있나요?'라고 물었다. 인터뷰이들은 각자의 마음을 담아 전하고 싶은 말과 질문을 다음과 같이 남겼다. 그리고 우리의 이야기도 함께 적는다.

혤씨_ 지금보다 나은 세계가 있고 갈 수 있어요. 나는 얼마만큼 나아졌는지 여부를 떠나서 계속 괜찮아졌어요. 그러니까 우리 한계를 짓지 않았으면 좋겠어요. 우린 영원히 이 상태에 머무르지 않아요.

인애_ 당신은 무엇 때문에 살아가고 있습니까?

임소라_ 자기감정을 의심하지 않았으면 좋겠어요. '이 정도는 다들 힘들지 않나?'하는 생각에 억누르려고만 하지 말고 누구보다도 먼저 인정해 주면 좋을 것 같아요. 물론 저도 잘 안되지만 같이 노력해 봅시다!

시리_ 이제는 내가 나를 데리고 같이 잘 나아갈 수 있을 것 같은 느낌이 조금 들어요. 확실하게 말할 수는 없지만, 정리가 잘 되진 않지만 마냥 슬픈 일은 아닐 수 있다고 말하고 싶어요.

승민_ 자기가 불편하면 그게 맞는다는 거. 누가 "너 불편한 거 맞아."라고 꼭 말해주지 않아도 그냥 내가 힘들면 힘든 거다. 그러면 행동을 취하셔도 충분하다고 얘기하고 싶어요.

하늘_ 저는 오랫동안 제가 우울한 게 아니라 게으른 건 줄 알았어요. 우리가 겪는 감정적 어려움을 향한 가치판단으로부터 함께 좀 더 자유로워질 수 있다면 좋겠어요.

은_ 다른 사람이 볼 때는 약해서 우울증 같은 것도 겪는 거라고 이렇게 말할 수도 있겠지만 아니거든요. 힘이 굉장히 세. 힘이 굉장히 센 사람이야. 어쨌든 좋은 위로를 해줄 수 있는 사람은 나 자신인 것 같아요. 내가 나한테 말해주는 게 제일 힘이 센 것 같아요.

다나_ 아프면 두려워하지 말고 병원에 갑시다! 여유가 된다면 상담도 하면 좋겠어요.

태랑_ 함부로 사람을 판단하지 말자는 얘기 종종 하잖아요?

그건 나자신한테도 해당하는 말입니다. 나를 함부로 판단하지 맙시다. 무시하지 맙시다. 아껴줍시다. 도움받기를 두려워하지 맙시다.

신희_ 작년 9월에 나팔꽃을 심었어요. 제 욕심으로 말이죠. 나팔꽃은 찬 바람을 이기지 못했고, 결국 다 시들어버렸죠. 그리고 올해 4월, 작년 경험을 떠올리며 다시 나팔꽃 씨앗을 뿌렸어요. 저는 늘 같은 행동을 반복해요. 하지만 지난번과는 달라요. 조금 더 우아하게, 나에게 덜 아픈 방법을 알아가요. 그러니 괜찮아요. 지금 내 모습이 어떻든 간에 한 숨 푹 자는 거예요. 나를 이해할 수 있는 소중한 기회가 생긴 거라고. 그렇게 생각하면 좋겠어요.

우리들의 이야기는 여기까지다. 어느 날 문득 '나 우울한 것 같아', '요즘 왜 이러지?' 생각하는 당신에게 이 책이 닿기를 바란다. 비록 우리가 눈을 마주 보고 있진 않겠지만, 당신은 혼자가 아니라는 것을, 나와 우리도 당신과 같다는 것을 잊지 않았으면 하는 바람이다. 그리고 이제 당신의 이야기가 또 다른 누군가에게 이어지길 기원한다. 우리는 서로의 뒤쪽이다.

초판 1쇄 인쇄 2024년 3월 15일

초판 1쇄 발행 2024년 3월 15일

지은이	다나, 조신희, 배태랑
디자인	이혜진
편집	황유미
제작	세종C&P

펴낸곳	기록의 형태
전자우편	Suddenly_j@naver.com
ISBN	979-11-983325-0-9

이 책의 저작권은 지은이와 기록의 형태에 있습니다.
이 책은 저작권법에 따라 보호받는 저작물이므로
무단 전재와 무단 복제를 금지합니다.